法治十问

解志勇 等 著

人民出版社

出版说明

　　法律是治国之重器。2014 年 10 月，党的十八届四中全会通过了《中共中央关于全面推进依法治国若干重大问题的决定》（以下简称《决定》），该《决定》首次以"依法治国"作为主题，并提出全面推进依法治国，总目标是建设中国特色社会主义法治体系，建设社会主义法治国家。并明确了全面推进依法治国的重大任务之一是"增强全民法治观念，推进法治社会建设"。

　　法律的权威源自人民的内心拥护和真诚信仰。人民权益要靠法律保障，法律权威要靠人民维护。坚持把全民普法和守法作为依法治国的长期基础性工作，在人民群众中普及法律知识，增强全民法治观念，深入开展法治宣传教育，引导全民自觉守法、遇事找法、解决问题靠法是法治中国建设的题中之义。

　　鉴于此，我们特约法律界专家学者选取人民群众比较关注的热点问题进行了解读，以"澄清"人民群众对法治建设中的一些"误解"，增强人民群众对"全面依法治国"的全面而深入的理解。

目　录

为什么权必须在法下？

解志勇 [*]

权力的良好行使是人类的福祉所在，而失控的权力却往往如洪水泛滥一般肆虐人间。这是人们的一般性经验。

"一切有权力的人都容易滥用权力，这是万古不易的一条经验。"[①] "权力导致腐败，绝对的权力导致绝对的腐败。"[②] 这是西方法律思想家的深刻总结。

可以说，不论在东方社会还是西方社会，人类社会发展的历史在很大程度上也是驾驭权力、驯服权力的历史。不同的是，在以中国为代表的东方社会，比较强调权力善的一面。因此，虽然也

---

[*] 解志勇，中国政法大学教授、博士生导师。

[①] ［法］孟德斯鸠：《论法的精神》（上），张雁深译，商务印书馆1961年版，第154页。

[②] ［英］阿克顿：《自由与权力》，侯健等译，商务印书馆2001年版，第342页。

注重权力监督，但着重点在于从正面运用权力为社会造福。而在西方社会，传统上比较强调权力恶的一面。因此，对于如何限制权力进行了富有成效的探索。

通过法律来限制权力，厉行法治，主要是西方文明总结出来的经验。在近代以来，随着持续的西学东渐，逐渐得到了中国社会的认可。"权在法下"作为法治的基本理念，被广泛地接受。

中国共产党第十八届四中全会突出了依法治国，建设社会主义法治国家的主题，全会公报就有多处关于"权与法的关系"这一法治的核心问题。具体涉及了"党和法"的关系：坚持依法治国首先要坚持依宪治国，坚持依法执政首先要坚持依宪执政；"行政和司法"的关系：建立领导干部干预司法活动、插手具体案件处理的记录、通报和责任追究制度；"领导干部和法"的关系：各级领导干部要带头遵守法律，带头依法办事，不得违法行使权力，更不能以言代法、以权压法、徇私枉法等多个层面的关系。

但是，对于任何一个理念，不能仅仅因为其被广泛接受就"盲目"认可，科学的态度应该是多问几个为什么——不仅要知其然，还要知其所以然。对于中央全会决定的精神，也只有通过探索其背后的道理，才能更好地把握。

一、"权"与"法"的再认识

"权"与"法"的关系之确定，是基于"权"和"法"各自的不同特征。这些特征奠定了权法关系的基础。

（一）从"权"的特征看，权力需要受制约

权力具有以下几个典型的特征：

第一，权力具有私人化的宿命。对于任何一个团体来说，最初创设权力都是为了团体的公共利益。这意味着，从应然层面来看，权力的本质是为公共利益服务。但是，全体成员行使权力只能在极少数情况下发生，绝大多数的权力都是由一个个具体的人来操作的，个人的主观意志对权力运行的方式和后果具有能动性，不同的个人品质将导致权力运行形式、方向和结果的不同。另外，个人并不总是能自觉地使其偏好、利益与团体的偏好、利益保持一致。

第二，权力具有任意性的特征。权力的任意性主要表现在两个方面，一是在特定的权力内部，权力的行使具有裁量性的特征；二是在权力之间的关系上，权力的边界具有模糊性的特征。在前一方面，原因主要是权力的行使离不开行使者的意志，而意志的最大特征就是自由。在后一方面，原因主要是经验表明，权力的分立不可能做到绝对地清晰。例如，西方所倡导的立法、行政、司法三权分立在面临着挑战：司法造法、行政立法、行政司法等。

第三，权力具有扩张性的倾向。权力行使的私人性以及边界的模糊性是权力具有扩张性倾向的根源。一方面，权力行使者常常能够从行使权力中得到利益；另一方面，权力的边界又不能做到十分的清晰。于是，"他越是有权力，就越是拼命取得权力；这是因为

他已经有了许多,所以要求占有一切"①。

正是上述几个特征决定了权力可能偏离为公益服务的目标,也决定了权力需要受到制约。

(二)从"法"的特征看,法能够制约权力

相对于权力,法具有几个截然不同的特征:

第一,法具有公意性。法的公意性是指法律反映共同体的公共意志。必须要说明的前提是,法的公意性不同于实在法律的公意性。在某种程度上,法的公意性也是一种无限接近但不可能达到的追求。但是,不同于权力的运行不得不依赖私人的"宿命",法律的产生机制在几乎所有方面都致力于确保法律能体现公共意志。例如,现代社会的立法权普遍由一个经选举产生的、具有广泛代表性的团体行使,这是确保法律公意性的根本所在。此外,具体的立法权还存在各种形式的分立,例如中央和地方分享立法权,行政和司法部门在某种程度上分享立法权等,这种"混合"体制不仅不是对法律公意性的破坏,实际上能增强其公意性,因为公意本身并不总是清晰一致的。另外需要注意的是,法律的公意性与马克思提出的"法律体现统治阶级意志"的经典论述并不冲突。例如,在资产阶级社会,作为统治者的资产阶级为调和矛盾,也会努力使法律能体现更广泛的公意。而在社会主义社会,法律体现着最广大劳动阶级的意志,这本身就是公意性的体现。

---

① [法]孟德斯鸠:《罗马盛衰原因论》,婉玲译,商务印书馆1997年版,第61页。

第二，法具有确定性。法律的确定性是由法律的内容和形式所共同决定的。从内容上看，法律体现的公意相对于个人意志更不易于流变。从形式上看，法律生效必须公开的要求、法律修改必须遵循严格程序的要求等都保证着法律的确定性。

第三，法具有规范性。法律的规范性主要是指法律为权力的行使及其边界设定规则。从一个角度看，在法律规范背后，是各种利益反复讨论和达成妥协后的产物，它代表了各方都认可和接受的利益分配，这就使得法律能代表全局而不成为某一方谋取私利的工具，因此对于权力基于私利扩张的倾向也能予以制约。从另一个角度看，能够为权力划定边界的，要么是以客观事项为内容的规则体系，要么是另一项主观的权力或权利，在现代社会，这两者都通过法律得以体现。

主要是因为以上几个特点，法律能够对权力的任意行使构成有效的制约。

（三）最具"危险性"的权力类型

上述关于"权"与"法"特征的分析已经在宏观层面规定了权必须受到法的制约。但是，如果要真正解决中国社会的实际问题，对"权"与"法"关系的讨论，不可能停留在抽象的概念与特征层面。

"权"和"法"这两个概念都具有丰富的内涵，"权"与"法"的冲突在当下的中国社会有特殊的表现。

经典分权理论认为"权力"由立法权、司法权和行政权组成。三种权力由宪法和法律规定，相互之间存在监督和制约关系，以防止任何一种权力的滥用。实际运行中的权力并不只有这一种划分。在当下中国，"权"与"法"关系中的权力，更多地体现为行政权、政党权力、执政权、领导的权力、特权等。

1. 行政权

行政权的内涵随着时代的发展在不断的变化。现代社会的行政权，与立法权和司法权相比，对相对人有着更为广泛、深入、经常的影响。行政权可以影响公民从出生到坟墓的整个过程。不仅如此，行政权已经不断地在向立法和司法领域渗透，产生了大量的行政立法权和行政司法权。行政权是最具有扩张性的权力。

2. 政党权

现代民主政治几乎都是政党政治。在讨论权力时，对政党权力的讨论是无法避免的。政党权力是指政党为维护自身生存和实现自我价值而具有的政治统御力和政治干预力，或者说是政党根据自身生存、发展和发挥作用的需要而形成的一种政治技能或政治能力。[①]

政党权力包括内部权力和外部权力。在内部权力中，政党主要处理组织之间、组织与党员、党员与党员之间的权力。在外部关系中，政党处理与国家、社会团体、其他政党以及公民个人之间的关系。由于政党的政治性，政党的外部关系主要体现在与国家各个机关之间的关系。

政党权力的危险在于其和国家权力的界限很难划清，无论在哪

---

① 参见王韶兴：《政党权力的科学内涵与基本特征》，《学习与探索》2008 年第 2 期。

个社会，政党权力对国家权力的渗透都是普遍现象。

3. 执政权

政党的外部权力中最为突出的是执政权。执政权是执政党与国家之间的纽带，执政党通过执政权影响国家各个领域的发展。政党通过行使执政权，实现政党的政治诉求和政治纲领。

不能将执政权与国家权力等同。从产生的先后顺序看，国家的产生远远早于政党的产生，国家权力的产生也远远早于执政权的产生。从权力来源看，国家权力来源于人民的让渡，而执政权是国家权力和政党权力的结合：当某一政党通过人民某种方式的选择上升为执政党时，执政权力就与国家权力结合起来，产生政党执政的权力。

4. 领导权

通常意义上所讲的领导权力就是各国家机关首长的权力。领导权力最为特殊的地方在于，既具有人身依附的性质，又具有独立的性质。

一方面，领导权力必须通过领导人的行为来具体实现。在这种意义上说，领导权力又具有人身依附性，不同的领导人，运用领导权力处理相关事务的方式、方法是不同的。另一方面，领导权力在本质上是法律赋予领导岗位的职务权力。无论领导人如何变换，领导权力的权能不随着领导人的变化发生改变。领导权力是独立于领导人而存在的。换言之，领导人本身没有权力，领导的岗位、职务才具有权力。

在领导权力方面，集中体现了权力私人化的危险。

5. 所谓的"特权"

有两种所谓的"特权"。一种特权是基于特定情况、特定身份、特定条件，由法律赋予特定人群的，其他人所不具有的权利。特权无时无刻不存在于生活之中，外交豁免权、亲属作证排除的特权、律师特权、医生特权、人大代表的特权等等。经过行政许可被赋予得以从事特定事项的权利，从某种意义上看也是特权。特权相对于其他权利具有一定的优益性，因此必须受到法律的限制和约束。这种意义的特权由法律设定和保护。

另一种所谓的"特权"是在法外活动的"权利"，实际上是违法行为，本身不具有权利的属性。遗憾的是，在"权"与"法"的关系中所出现的特权，恰恰是违法的"特权"，因而才有法外特权的事实存在。

（四）与权力斗争的法的两种形态

在"权"和"法"的关系中，对"法"的认识可以有动态和静态两个角度：动态的"法"指的是法律的运行，其核心是司法权的运行。静态的法主要包括宪法、法律、行政法规等法律渊源，此外，法院的生效裁判也可认为是静态的法。

这两种法的形态即是限制权力的手段，同时也都可能受到权力的侵犯。

1. 动态的法——司法权的运行

之所以说法律运行的核心是司法权的运行，是因为司法权的特殊性。

孟德斯鸠认为司法权是"惩罚犯罪和裁决私人争讼"[①]的权力。托克维尔认为司法权有三项特征：其一，对案件进行裁判；其二，以裁决个案的方式发挥作用；其三，司法权具有被动性，司法机关审判案件只能采取不告不理的原则，而不能主动介入。[②]

以上是对司法权特征的经典描述。从与其他国家权力比较的角度看，司法权的最大特色是司法仅仅服从法律。但实践中，各种其他类型的权力都意图影响司法权。为使法官绝对服从法律，法律将法官从所有国家权力影响中解脱出来。只在仅仅服从法律的法院中，才能实现司法权的独立。[③]

对于动态意义的法，"权"和"法"的关系体现在权力试图影响法，以及法如何避免影响，并且还要监督权力行使的过程中。

2. 静态的法——法的渊源

从静态角度考虑"法"，主要指的是法的渊源。法的渊源一般分为正式渊源和非正式渊源，正式的法律渊源主要有宪法、法律、行政法规、部门规章、地方性行政法规、地方政府规章、自治条例、国际条约等。非正式的渊源主要包括道德、习惯、惯例、判例、学说等。

另外，法院的裁判是"静态的法"的特殊表现形式，法院的裁

---

① ［法］孟德斯鸠：《论法的精神》（上），张雁深译，商务印书馆1995年版，第155页。

② 参见 ［法］托克维尔：《论美国的民主》，董果良译，商务印书馆2003年版，第110页。

③ 参见 ［德］拉德布鲁赫：《法学导论》，米健等译，中国大百科全书出版社1997年版，第100页。

判与法律相比具有特殊性。首先，法律是法院裁判的前提，法院裁判是法律适用的结果。其次，在非判例法国家，法院的裁判适用于个案，处理具体问题，不具有普遍约束力。而法律则可反复适用且具有普遍约束力，对法律施行之后发生的案件均具有拘束力，不仅拘束当事人，也拘束法院。最后，法院的裁判具有确定力和执行力。法律本身只是对权利义务的安排，不经过法律适用的过程，法律本身不具有强制执行力。

对于静态意义的法，"权"与"法"的关系主要在于权是否有法律依据，权的具体行使和抽象行使（制定类似法律的规则）能否突破法、改变法。

二、现实中的"权大于法"：表现、危害与根源

尽管人们早已认可了"权在法下"的理念，但在实践中，"权大于法"的现象仍常见。

（一）表现

来看两个经典案例，前者在改革开放初期，在全国范围内率先掀起"权"与"法"关系的大讨论，后者在依法治国理念宣传普及多年之后，向人们警示限权之路任重而道远。

1. 权力改变法律：县委突破宪法

1978 年 11 月 30 日《人民日报》刊登一篇题为《是县委大还是

宪法大?》的文章,① 内容围绕沧县县委对自留地的处置问题展开。1978 年《宪法》第七条规定:"在保证人民公社集体经济占绝对优势的条件下,人民公社社员可以经营少量的自留地和家庭副业,在牧区还可以有少量的自留畜。"沧县县委违反宪法规定,把自留地收归集体种植,引起群众不满。该文一经刊登,就轰动全国,也开始了权力与法律关系的讨论。

这一个案体现的是权力突破宪法规定(静态的法)。它很具有代表性,代表了权力以各种形态突破宪法法律规定,创设土规则、潜规则的做法。近几年来的主要例子是众多的"红头文件"违法现象。

2. 权力漠视法律:我爸是 ××

2010 年 10 月 16 日晚间,位于河北省保定市的河北大学新校区内,两名女生被一轿车撞上,可是司机不仅没有刹车,反而径直离开去宿舍接女友,后被校方和学生拦下,年轻男子下车后大喊:"你们去告吧,我爸是 ××!"据查该肇事男子的父亲确为保定市某公安分局副局长李某。急救中心 10 月 17 日晚间证实,16 日晚被肇事轿车撞伤的两名女生中,一陈姓女生于 17 日晚经抢救无效死亡,另一重伤者脱离危险转院治疗。最终,肇事者李某被判处六年有期徒刑。

这一个案中,虽然最终肇事者承担了法律责任。但其曾经的嚣张也不是毫无道理的。在现实中,权力干涉司法(动态的法)是较

① 参见祁胜勇:《30 年前惊天一问:"是县委大还是宪法大?"》,《党员文摘》2009年第 3 期。

常见的但也是被人们深恶痛绝的现象。

（二）危害

权大于法、以权压法现象的危害有很多，在此主要从对权力本身，以及权力行使者的影响两个方面谈其危害。

1. 权力异化为私人牟利的工具或暴力

前文已述，一个团体创设权力的本初目的是为公共利益服务的，但权力需要由个人行使的特点使其具有私人化的"宿命"。这个加了引号的宿命是有特殊含义的——只表示必然性，而不表示应然性。

就如同一些人相信人性本恶一样，这类观点只是承认人性中不可避免具有恶的属性，并不是宣扬甚至鼓励人的恶行，更不是对人的恶行无所作为。

当权力的私人化演变为为私人牟利的工具，就发生了权力的异化。此时的权力就走向了社会的反面，成为私人攫取利益的工具。需要注意的是，此处的私人未必是个人，还包括相对于大团体的小团体。判断异化的标准是权力行使的目的偏离了创设权力的初衷，甚至完全冲突。

当权力异化时，权力存在的正当性就消失了。此时的权力与文明社会存在以前的暴力没有多大的差别，造成了文明的倒退。

2. 危及权力行使者（执政者）的地位

与权力异化的后果直接相关的就是异化权力的行使者会受到质疑，其地位会受到挑战。

现代社会已经普遍接受了权力为公共利益而存在的理念，即通俗的"权为民所用"。违背这一理念的行为将会受到反对，乃至激烈的抵抗。在较为温和的层面，我们可以看到人们通过选举制度将以权谋私的村干部赶下台，在更为激烈的层面，我们能看到人们因为权力的不当行使而冲击法院、政府等国家机关，乃至冲击党委。

总之，权大于法的危害不能不受到重视。

（三）根源

造成现实中权大于法的原因是多重的，除了第一章论述的权力固有特征，尤其是权力的扩张本性之外，还有其他根源。

1. 规则（静态的法）不完善，对权力缺乏有效的限制

法律需要对各种权力进行限制，但有效的限制包含以下要素：规则完备以及规则得到实施，两者缺一不可。一方面，如果法律规则不完备，不论是实体规则还是程序规则，权力就具有了肆意的空间；另一方面，如果权力越过法律的界限，也不承担不利后果，法律对权力的限制就是空洞的。当法律在限制权力的过程中力有不逮时，就只能寄希望于权力的内部监督。

案例中"县委大还是宪法大"就是一个典型例子。县委的决定明显违反宪法的规定，在《人民日报》刊发文章之前，县委对于违法行为并不进行纠正，反而通过各种手段拒绝执行法律。而在《人民日报》刊发之后，惊动上级领导，经过领导批示，才予以纠正。本案反映两个层面的问题：一是县委明目张胆地违反宪法规定，不顾宪法的权威，任意决定收回自留地；二是法律本身在纠偏过程中

并没有发挥作用，纠偏的手段也并非法律手段。与其说这是宪法对县委的强制力，不如说是上级领导权对下级领导权的拘束。在整个过程中，没有出现法律对权力的限制问题，所反映的只是不同层级权力之间的关系。另外，在纠正沧县县委的违法行为之后，并没有看到事后对县委的违法行为进行任何后续的处置。

2. 司法（动态的法）未能发挥制约权力的作用

现实中，司法地方化和行政化导致司法权对行政权的屈服。

司法地方化表现为：一是机构设置、法官选任、经费来源等的地方化，使得法院受到行政干涉的可能性增加，司法的统一性受损。二是法院的财政与地方财政融为一体，使得法院更多地倾向于从发展地方经济的角度去执行法律和行使司法权，而不是着眼于国家法制的统一性和严肃性。司法行政化表现为：一是在法院内部，法官身为公务员，受到行政科层制体系的束缚，领导意志往往优于自主裁判。二是上下级法院之间存在着超越审判监督的"指导关系"，经常通过请示、汇报与指示、命令等方式，就具体案件进行沟通，使得上诉审程序虚置。三是非专业化倾向。行政庭法官专业性不强，尤其是基层法院法官，身处官僚科层的下层，专业和职级均无优势，使司法权威受损。①

司法对行政的屈服既是"权大于法"的结果，又是"权大于法"的助推剂。因为司法权的行使本来可以在静态的法律规则不尽完善的地方发挥制约作用，但一旦其不能完成任务，就会进一步地放任

---

① 参见解志勇：《行政法院：行政诉讼困境的破局之策》，《政法论坛》2014年第1期。

了权力的肆意而为。

3. 信人治不信法治

"我爸是××"折射出权力对法律的漠视，其背后则是人治传统在作祟。人治传统使得法定的权力具有了个人色彩，并能够在一定程度上超越法律。

对说出"我爸是××"的肇事者的逻辑进行分析，就能看出个人权力对法律的"优益"。首先，肇事者知道自己已经违法，但并不在意违法的后果。其次，肇事者不在意违法后果的原因就是，即使他违反了法律，他也可以不受到法律的追究。再次，他可以不受法律惩治在于他父亲可以"摆平"。最终，问题来了，他父亲为什么可以"摆平"？原因就在于肇事者的父亲处于领导岗位，并具有一定的领导职务。据此，可以看出肇事者的话语的深层意思就是，抓我也没用，因为我爸是领导，法律不能管我。领导因履行职务的需要，被法律授予一定的权力是需要的。在应然状态中，该权力是赋予领导岗位，而非领导本人。遗憾的是，在实然状态下，依附于领导职务上的权力被当作领导的人身权力加以滥用。这意味着领导的权力从职务的属性转向人身属性，为人治的出现提供条件。人治与法治的问题，最为突出的表现就是领导的意见与法律发生紧张关系时，依据何者行事的问题。简单来说，依领导意见行事就是人治，依法律行事就是法治。人治的实质在于，某些人获得可能挑战法律的可能性，这些人不按法律办事不会受到法律的追究。人治的这种特质，是对法治最大的挑战。

三、确立正当"权法关系"：目标、路径与难点

以上两个章节的论述目的在于重申"权在法下"这一原则的必要性和重要性。但这一原则比较抽象，要践行这一原则，还需要确立具体的目标和路径。

（一）目标

在应然状态下，权与法的关系可以概括为以下几点：权力源自法律、权力是实现法律的手段、权力的运行受到法律的制约、所有的权力都在法律之下。

第一，法律是权力的来源，权力的界限和分工由法律进行确定。各国宪法中几乎均有对权力进行分配的内容。我国《宪法》"国家机构"一章，也对国家权力进行了划分。国家权力的行使必须具有法律依据，无论是立法权、行政权、司法权还是其他权力均源于法律的授权。执政党和参政党的地位也在法律中得以确定，政党的权力也是有法律依据的。

第二，权力的行使是法实现的最为直接和有效的方式。全国人民通过代议机构制定法律，这是立法权的行使。但文本上或观念里的法律是没有意义的，法律的目的只有在法律实施过程中才能加以体现。这时候又依赖于行政权和司法权。

第三，由于权力来源于法律的授权，所以权力应当受到法律的制约。权力的范围要在法律赋予的范围之内，不存在法外之权；权

力的运行要符合法定的程序，依据法定设定好的期限、形式、步骤，不能肆意妄为；权力运行的结果还要受到法律的监督。

第四，所有的权力都应在法之下。在法律统治的地方，权力的自由行使受到了规则的阻碍，这些规则迫使掌权者按一定的行为方式行事。①上述列举的各种权力都处在法之下。举例来说：首先，行政权不能干涉司法权的运行（动态的法）。其次，政党的权力应当受到法律的限制，政党的一切活动都不能超过法律的范围。《中国共产党章程》中明确规定："党必须在宪法和法律的范围内活动。"再次，执政的权力也要符合法律的规定，必须做到依法执政。执政党的意志不能突破法律，但可以上升为法律，通过政策的法律化来化解执政权与法律的紧张关系。再其次，领导在行使权力的过程中，需要受到法律的约束。无论是领导决策的内容还是决策程序，都不能违反法律的规定。不能把授权给领导的职务权力当作人身权力来使用，更不能把领导的职务权力当作法外之权。党的十八届四中全会《决定》中也明确提到："任何党政机关和领导干部都不得让司法机关作出违反法定职责、有碍司法公正的事情，任何司法机关都不得执行党政机关和领导干部违法干预司法活动的要求。"最后，法律不容许突破法律的所谓"特权"。《宪法》第五条明确规定："任何组织或者个人都不得有超越宪法和法律的特权。"

---

① 参见［美］博登海默：《法理学：法律哲学与法律方法》，邓正来译，中国政法大学出版社 2004 年版，第 372 页。

（二）路径

1. 完善实体和程序法律规则，将权力关进制度的笼子里

第一，完善实体法律规则，建立内部分权制度。基于法律的权力分立和制约是对权力最好的约束。此处探讨的权力分立不仅是指不同国家权力的分立，这一领域应有了基本的法律框架，而是权力内部——主要是行政权内部的分立和制约。行政法规的制定权、行政执行权、行政监督的权力至少在行政权内部加以区分，并授予不同的部分，加强部门之间的监督。在实践中，权力和职能分离的效果并不明显，究其原因，在于行政监督权的行使效果不佳，尤其是行政复议的效果极其不理想，使得行政内部监督制度的效果大大降低。因此，一方面要更加明确行政权内部的分立，确定权力之间的相互制衡，减少由同一部门行使所有权力的可能性。另一方面要加强行政监督部门的权力，完善内部监督的各项制度，重点发挥行政复议制度的潜力，更好地监督行政权的合法行使。

第二，完善程序法律规则，加强信息公开的力度和公民参与的深度。公开是保证权力合法运行的主要手段之一，正如戴维斯教授指出的，"公开是专断的天敌，是对抗非正义的天然盟友"①。只有把权力的运行置于阳光下，才能够最大限度地降低秘密行为带来的危害。公民参与权力的运行过程，尤其是参与到对自己不利的事件中，是程序正义的基本要求之一。公民的参与可以使权力的运行更

---

① ［美］肯尼斯·卡尔普·戴维斯：《裁量正义——一项初步的研究》，毕洪海译，商务印书馆 2009 年版，第 109 页。

具有规范性和可接受性。

2. 消除司法地方化和行政化——建立行政法院

现行行政审判体制极大地妨碍了司法权监督行政权功能的发挥。突破行政诉讼困境，亟须对行政审判体制进行较大改革，克服现行体制存在的审判不独立问题。而司法地方化、司法行政化分别是导致审判不独立的外因和内因。因此，增强行政审判独立性，祛除行政审判中的地方化和行政化色彩，有利于加强司法对行政的监督功能，是推进依法行政的强大外力。

建立专门的行政法院，使其直接受到最高法院或者高级法院的领导，最有利于祛除行政审判中的地方化和行政化色彩。

3. 建立领导干部干预司法登记制度

领导干部干预司法是长期存在的"老大难"问题，是影响司法公正的主要原因，更是权大于法最集中的体现。

破解权大于法，要首先保证党政机关的领导干部尊重法律和司法机关。党的十八届四中全会《决定》中明确提出要"建立领导干部干预司法活动、插手具体案件处理的记录、通报和责任追究制度"。对领导干部干预司法的活动进行登记，对领导干部依法追究其责任。《决定》对领导干预司法的责任作出明确阐述，"对干预司法机关办案的，给予党纪政纪处分；造成冤假错案或者其他严重后果的，依法追究刑事责任"。这就为以后处理领导干部干预司法的行为提供了依据。建立领导干部干预登记制度需要注意以下几点：一是对领导干部的干预行为进行界定，明确哪些行为属于领导干部干预司法的范畴；二是对登记形式进行规定，确定登记的形式合法性和准确性；三是建立对领导干部干预司法的追责程序，依据法定程序对领导干部进行追责，使得超越法律的权力受到法律的制裁。

4. 树立宪法的权威

树立宪法的权威要从思想理念和宪法实施两方面着手。

前者意味着，在包含各级党政机关和领导干部在内的社会全体成员中树立宪法至上的理念。树立宪法至上的理念要对权力至上进行批判。不仅掌握权力的执政党和政府需要破除权力之上的行为规则，但更根本的还是在全社会破除对权力的迷信，树立对宪法权威的信仰。无论是行政权、执政权还是领导干部的权力，都必须在宪法框架内运行，绝不能超过宪法规定的限度。

后者则是强调宪法从文本到实施的转变。宪法的实施蕴含两个含义：一是宪法的监督制度，即任何规范性文件都不得与宪法相抵触，凡是违反宪法的规范性文件都应当被依法撤销；二是宪法的解释程序机制，宪法的规定过于原则和笼统，在运用宪法的过程中必须对宪法进行细化和具体的解释。明确宪法的解释机关、解释程序以及宪法解释的效力，真正使宪法的权威贯彻到社会生活的方方面面。

（三）难点

需要注意到，在需要受到控制的多种权力中，执政党的权力是富弹性，最难约束的，因此是贯彻"权在法下"原则的难点所在。

尽管宪法及许多中央文件，还有党的十八届四中全会的《决定》都已经明确表明，一切组织（包括执政党）都必须遵守宪法和法律。据此，党大还是法大本不应成为问题，但实践中还是存在这一疑惑。一些人更将宪法规定的"坚持党的领导"和法治理念所要求的"法律至上"置于对立的位置。

造成这一状况的原因主要在于：在实践中，党的领导存在一些不当的做法：如以党的政策代替法律，以党的意志干涉司法等，才导致人们质疑党的领导和法律至上原则的兼容性。

需要树立的正确认识是：党和法、党的领导和依法治国是高度统一的。在法治中国的语境下，法是党的主张和人民意愿的统一体现，这是法具有最高性的原因；而党领导人民制定宪法法律，党领导人民实施宪法法律，党自身必须在宪法法律范围内活动，这才是党的领导力量的真正体现。

要在全社会真正确立这种认识，而不只是简单的说教，就必须改善党的领导方式。正如邓小平指出的那样："把党的领导解释为'党权高于一切'，遇事干涉政府工作……甚至把'党权高于一切'发展为'党员高于一切'……结果群众认为政府是不中用的，一切决定于共产党。……政府一切错误都是共产党的错误，政府没有威信，党也脱离了群众。这实在是最大的蠢笨！"①

1. 改善党领导立法的方式

党领导立法就是把党的意志上升为法律，从约束党组织和党员的内部意志，转变为具有普遍约束力的法律。党的十八届四中全会指出："善于使党的主张通过法定程序成为国家意志。"在新

---

① 《邓小平文选》第一卷，人民出版社1994年版，第11页。

的历史时期，中国共产党要审时度势，顺应潮流。在党领导立法工作中要体现以下几项思想：首先，党领导立法应当促进政策和立法相结合，以党的政策引领立法实践；其次，党领导立法应以转变党的领导方式为前提；再次，党领导立法应当加强调查研究，关注我国民主法制实践；最后，党领导立法应当将民主立法、党的领导、人民利益统一起来。党领导立法要坚持民主集中制，把党的领导和人民民主结合起来，使得制定出的法律体现人民的意志。党领导立法不能离开中国国情和实际，法律制定必须结合国情和实际的需要，解决面临的重大问题，否则可能出现"恶法"和"废法"。如前所述，党并没有法律的提案权，不能采用直接的方式领导立法。因而党领导立法的重点是政治领导、思想领导。政治领导意味着要把握立法的政治性，保障每部法律所体现的都是符合社会主义要求的法律，是符合人民根本利益的法律。思想领导意味着要以党的基本思想作为立法的指导思想，立法内容不能背离马列主义、毛泽东思想、邓小平理论、"三个代表"重要思想和科学发展观的基本精神，也要符合社会主义核心价值观的要求。

2. 改善党领导司法的方式

党领导司法的方式首要解决的问题就是减少对司法个案的干涉，从而给予司法机关充分的独立性。减少党委、党的领导以及政法委介入个案之中，尊重法院和法官在个案中的审判权。"党委对案件的调阅、书记对案件的批示、政法委对案件的协调、党组对案件的讨论往往易曲变为个别人在党的名义下，侵蚀司法独立性，损害司法公正的借口。"①

党领导司法的方式可以从两个方面入手：一是要在司法程序之外保持支配力；二是对司法程序保持影响力。前者主要通过党领导立法的方式加以实现，司法程序的基本依据是法律，司法的一切活动都在法律控制的范围之内，无论是程序还是结果都不能超过法律的约束。党领导立法就是从根本上领导司法，立法体现党的意志，司法就必然会体现党的意志。从司法程序的外部进行领导，就能保证党的意志的贯彻，又能保障司法机关的独立性。对司法程序的影响力主要体现在司法机关人员组成之上。党运用组织领导的方式，通过符合法律要求的招录方式，选拔优秀的法官、检察官等司法人员进入司法机关。从人员的选任到人员的监督进行领导，保证司法人员的专业性和政治性。两种领导方式的共同运用，既可以避免对具体个案的干预，又可以保证对司法程序有巨大的影响力，更加符合现代法治的要求，也更加体现领导方式的科学性和先进性。

3. 正确处理党内法规与宪法法律之间的关系

党内法规与宪法法律之间的关系也是必须要进行讨论的问题，正确认识党内法规与宪法法律之间的关系，是正确处理党与法之间关系的重要前提。首先要明确"党内法规"与"宪法法律"的内涵。依据《中国共产党党内法规制定条例》第二条之规定："党内法规是党的中央组织以及中央纪律检查委员会、中央各部门和省、自治区、直辖市党委制定的规范党组织的工作、活动和党员行为的党内

---

① 徐显明：《司法改革二十题》，《法学》1999 年第 9 期。

规章制度的总称。党章是最根本的党内法规，是制定其他党内法规的基础和依据。""宪法法律"在这个层面应当特指宪法和全国人大及其常委会制定的法律，不包括行政法规、地方性法规、规章等规范性文件。

第一，党内法规与宪法法律的使用范围不同。党内法规适用于中国共产党党员，对于党外人士不能适用，而宪法法律则适用于一切中华人民共和国境内以及属人管辖范围内的一切自然人和组织。党员不仅要遵守党内法规，也要遵守宪法法律。

第二，党内法规应当与宪法法律保持一致。宪法法律在国家规则中具有最高权威，党内法规的制定不能与宪法法律相冲突。党在制定党内法规时依然注意到这个问题，因此在《中国共产党党内法规制定条例》第七条第三项中就规定了，遵守党必须在宪法和法律范围内活动的规定。

第三，党内法规可以严于法律。作为先进代表的中国共产党，对党员进行高标准严要求以保持党的先进性，这是党自身的要求，也是时代的要求。党内法规就是对党员各项活动的要求，党内法规中对党员提出更高的要求，对于党内法规的各项要求，党员都要遵守，不能违反。

第四，党内法规对党员的严格要求要以法律保留为底线。依据宪法和立法法的相关规定，关于公民某些基本权利的限制，必须制定法律的，只能制定法律，不能由其他规范性文件加以限制。党内法规也不应当超越法律保留的范围，对党员进行更高的要求。因而，党内法规与宪法法律并不矛盾，反而可以相互配合，规范执政权的行使和党员干部的行为。

总之，要将"权在法下"的原则从理念带入实践，就必须进行制度化的努力。只有依靠持续不断的制度完善和制度创新，才能实现对立法权、行政权、司法权等各类国家权力的约束，才能实现对党的执政权这种政治性权力的约束。对于中国来说，后一方面是更为重大的课题。需要人们坚持对社会主义法治的信念、坚持党的领导和依法治国相统一的原则，坚决地同错误思想进行斗争，坚定地投身于全面深化改革、全面依法治国、全面从严治党的伟大实践。

为什么选择法治而不是人治？

韩春晖 [*]

2014 年 10 月 20 日至 23 日，党的十八届四中全会胜利召开。会议审议通过了《中共中央关于全面推进依法治国若干重大问题的决定》（以下简称《决定》），明确提出坚持走中国特色社会主义法治道路，建设中国特色社会主义法治体系，建设社会主义法治国家，在中国法治建设史上具有里程碑意义。

习近平同志在党的十八届四中全会第二次全体会议讲话时指出：

> 法治和人治问题是人类政治文明史上的一个基本问题，也是各国在实现现代化过程中必须面对和解决的一个重大问题。

---

[*] 韩春晖，国家行政学院教授。

纵观世界近现代史，凡是顺利实现现代化的国家，没有一个不是较好解决了法治和人治问题的。相反，一些国家虽然一度实现快速发展，但并没有顺利迈进现代化的门槛，而是陷入这样或那样的"陷阱"，出现经济社会发展停滞甚至倒退的局面。后一种情况很大程度上与法治不彰有关。①

这一深刻精辟的阐述不但高度总结了中外历史的基本经验，也深刻表达了我国未来发展奉行法治的坚定信念。它表明，我国已经在长期争论不休的人治与法治两种治理模式之间做出了明确的取舍。因为坚定不移地走符合本国实际的法治道路，既是世界的发展大势，也是历史的经验总结，还是时代的现实呼唤，更是人民的殷切期盼。

一、千年之争：人治与法治的碰撞交锋

尽管中西方法律文化和法律传统存在重大差异，但追根溯源仔细查究，仍可发现都存在着人治与法治的争论，这一争论恰如两重奏般此起彼伏，延绵千年始终没有完全平息。

在我国，"人治论"的思想可以追溯到春秋时期。其中，孔子、孟子和荀子可谓这一理论的代表人物。《国语》载："德以柔中

① 中共中央文献研究室编：《习近平关于全面依法治国论述摘编》，中央文献出版社 2015 年版，第 12 页。

国，刑以威四夷。"可见，对一国之内的治理一般主张以统治者的德行来感化，对外族征服才需要动用法律，特别是刑事法律。孔子说："道之以政，齐之以刑，民免而无耻；道之以德，齐之以礼，有耻且格。"① 这种对于德行的极度推崇的理论主张必定走向人治。由此，孔子始终主张为政在人，"其人存，则其政举；其人亡，则政息"②。当然，荀子所主张的"贤贤"则强调所有公共职位都应当是有德行者来担任，在人治的理论主张中输入了一些朴素的民主意识。孔孟的主张很快在诸子百家中脱颖而出，到汉武帝时期则获得了"罢黜百家，独尊儒术"的统治地位，开始全面排斥法治思想。从此，"人治论"成为中国文化中占据主导地位的思想一直延续至近现代。鸦片战争后，西方法治思想东渐，出现了以梁启超为代表的资产阶级改良派，他们在批评古代法家思想的同时，主张改革封建君主制，建立君主立宪制，实质上也只是用"多数人治"取代"少数人治"。很快，这种主张演变为一次不成功的"戊戌变法"。

当然，这种"人治论"主导下的社会文化结构并未能完全遏制法治论的孕育、产生以及时断时续的流传。尽管中国古代思想家很少能够上升到现代"法治论"的层面来论述和推行依法治国的方略，也没有形成明确而系统的法治思想或者法治理论，但他们许多关于法律的非系统的、零散化的论述中，蕴藉着许多今天仍可咀嚼的思想火花和法治智慧，我们可以推导和演绎出很多与现代法治精神相吻合的思维观念、价值取向和道德意蕴。在一定意义上，道家的世

---

① 《论语》。
② 《大学》。

界观与西方的"自然法"思想有异曲同工之处。他们都把世界的最终的根本法则归于"自然"。恰如老子所言:"人法地,地法天,天法道,道法自然。"①但不同的是,老子所指的"自然"不包含西方"自然法"所包容的"社会秩序规则"这种与人有关联的因素,完全指一种物质性的客观世界。相对而言,老子的观念是更加朴素的唯物主义。在他的思想中,天高于地,地高于人,而天、地、人都服从于支配天地的自然规律的统治。借用西方"自然法"的语词来分析,这一表述中已经潜含了"自然法是永恒法"、"自然法是高级法"这样的基本命题。遗憾的是,老子在"天、地、人"三者之间进一步细化,把"人"分为"王"与"民"予以区别对待,进行"王高于民"的层级化设计,为特权阶层的解读创造了理论空间。他指出:"故道大,天大,地大,王亦大。域中有四大,而王居其一焉。"②这种将"王"与"道""天"和"地"同列的做法,就使得"王"理所当然地成为了"道"的宣示者和实施者,事实也就拥有了超越"道"(即超越法律)的特权。其实,中国历代君主制的治理模式恰恰是走的这一岔道。

战国时期的韩非将商君的"法"、申不韦的"术"、慎到的"势"三者糅合为一,又吸收道家思想,成为将中国法治思想系统化的集大成者。他认为:"君无术,则弊于上;臣无法,则乱于下。此不可一无,皆帝王之具也。""凡术也者,主之所执也。"③"法者,宪令著

---

① 《老子》二十五章。
② 《老子》二十五章。
③ 《韩非子·定法》《韩非子·说疑》。

于官府，赏罚必于民心。"① 可见，在韩非的思想中，法律其实并非普遍适用的，只是对于官民适用，而不适用于君主。正所谓"主行申子之术，官行商君之法"②。显然，这种思想没能跳出"人治"的窠臼，反而是对此的一种强化。尽管如此，他的思想中仍然包含着许多与现代法治精神相一致的观念，特别是在法的适用这一点更是如此。比如，他强调，"凡事归于法，天下事无大小皆决于法"③。反之，如果"人主释法用刑，则上下不别矣"④。将这些论述转化成当今时代的时髦用语，即一切的事情都通过法治的方式去解决，法治成为治国理政的基本方式。再如，"故以法治国，举措而已矣。法不阿贵，绳不挠曲。法之所加，智者弗能辞，勇者弗敢争"⑤。这一论述既强调了法律适用应当公平、反对特权的价值追求，又突出了它"定分止争"的社会治理功能。

总体来看，"人治论"在与"法治论"的历史交锋中始终占据巨大优势。儒家的理论更加强调君主个人德行的感召功能，特别重视道德教化的作用，不重视法律的作用。即便论及法律，也只是将其视为君主治理的工具，尚且还不是主要的工具。恰如管子所称："法者，治之端也，君主者，法之原也。"⑥ 在这种人治论主张之下，人治的思维四处泛滥，浸透了公权力蔓延的每一个角落。

---

① 《韩非子·定法》。
② 《韩非子·定法》。
③ 《史记·秦始皇本纪》。
④ 《韩非子·有度》。
⑤ 《韩非子·有度》。
⑥ 《荀子·君道》。

在西方，古希腊被称为"法治论"的摇篮。其实，经过仔细审查，我们会发现那时也同样存在人治与法治之争。自从梭伦改革之后，古希腊趋向法治。但是诸如僭主政治、寡头政治的现象，在当时各个城邦还是时有发生，它同样也是"人治论"的源头，两种理论在城邦治理的政治实践中交锋碰撞一路前行，最终凝结成现代法治的基本共识。

柏拉图在《理想国》一书中就明确提出"哲学王"的统治，堪称"人治论"鼻祖。他认为，"理想国"应由三个等级的人员组成：第一等级是金质铸成的哲学家；第二等级是由银质形成的武士；第三等级是由铜质造成的手工业者和农民。其中，哲学家为最高贵者，只有他们才具有担任国王的资格；武士则适合承担保卫国家的工作；手工业者和农民则主要是为国家创造和提供物质财富。① 在《理想国》中，法律是不被信任的，他认为"不停地制定和修改法律——来杜绝商业及其他方面的弊端"，无异于"在砍九头蛇的脑袋"。"在哲学家成为城邦的统治者之前，无论城邦还是公民个人都不能终止邪恶，我们用理论想象出来的制度也不能实现……"② 到了晚年，由于现实经历的打击，其思想自《政治家》落笔时就从人治转向法治。但是在他心中，人治还是优于法治的。③ 到了中世纪，"人治论"发展为"神权论"，代表人物为托马斯·阿奎那。他主张，

---

① 参见屈野：《从人治走向法治的转型思考》，《西南政法大学学报》2003 年第 5 期。

② ［古希腊］柏拉图：《理想国》，郭斌和、张竹明译，商务印书馆 1986 年版，第 143、255 页。

③ 参见张莉：《人治之辩——浅析柏拉图人治思想及启示》，《法制与社会》2009 年第 1 期。

法治十问

既然上帝创造了世界，也应主宰一切，国王就是上帝主宰世界一切的代表。这种理论，实际上是实行"王治"的人治。二十世纪出现的各类专制独裁和法西斯统治，这些社会治理模式往往以元首的意志替代法律，废除一切民主，实际上是"人治论"在政治实践中的癫狂表现。

苏格拉底则可谓西方"法治论"鼻祖。他认为，人们应当前往"只需服从法律的城邦"去。为了捍卫雅典城邦法律的尊严，履行他认为应该履行的服从法律的义务，他宁愿接受不公的死刑判决也不越狱偷生。可见，苏格拉底认为法治重于人治。①

亚里士多德则是"法治论"的真正建构者。亚氏关于"法治应当优于一人之治"的著名论断，及时纠正了柏拉图"哲学王统治"的思想所衍生的"人治"观念，开启了理想国家应当为"法律的统治"的理论模式。② 在《尼可马科伦理学》中，他提出"我们许可的不是人的统治，而是法律的统治"③。在《政治学》中他进一步主张"法治应当优于人治"。他对这一命题加以论证后，又对法治的双重意义加以诠释：法治应当是"已经成立的法律获得普遍的服从，而大家所服从的法律又应当本身是制定得良好的法律"④。这一表述已然从逻辑上勾勒出了法治的三个形式：一是为了公共利益而实现的统

① 参见苗延波：《论法治、人治与德治的关系——中国与西方人治、法治思想之比较》，《天津法学》2010 年第 2 期。
② 参见 [古希腊] 亚里士多德：《政治学》，吴寿彭译，商务印书馆 1996 年版，第 168 页。
③ [古希腊] 亚里士多德：《政治学》，吴寿彭译，商务印书馆 1964 年版，第 168 页。
④ 转引自夏勇：《法治是什么——渊源、规诫与价值》，《中国社会科学》1999 年第 4 期。

治，即不是为了某个阶级和个人利益的专治；二是守法的统治，即依据法律的要求和方式来实施统治；三是臣民自愿的统治，即不是仅仅依赖武力的专制。① 但是，何为"良好的法律"？何为"公共利益"？并且如何规定的良法能够为臣民"自愿服从"？对于这些问题，亚里士多德并没有、也不可能作出具体的说明和回答。对此，不同的时代有不同的回答，不同的回答展示了不同时代的法治需求。

由此，西方的"法治论"也缓慢发展，但直到十九世纪才开始得到全面阐述。首先毕其功的是英国的戴雪。他认为，法治主要有三个要义：一是防止政府的专断、特权乃至宽泛无限制的自由裁量权；二是法律之前人人平等，都服从普通法院的管辖；三是英国宪法是个案判决保障人权的结果，而非保障人权之来源。② 尽管戴雪的法治理论遭到了一定的批评，特别是其中第三点被认为只是对于英国法治实践的描述，不应被表达为法治的内涵。③ 笔者以为，恰恰是第三点要义表明，英国的宪政实践是法治思维长期运用的结果，而且这种法治思维在宪政领域运用仍在延续。这种法治思维的主体是英国普通法院的法官，其运用的领域是司法领域，其运用的机制是司法审查，其根本目的是保障人权。因为，直至今天，英国依然没有一部的成文宪法，其司法审查的依据仍然是超越规则之外

① 参见〔美〕乔治·霍兰·萨拜因：《政治学说史》，盛葵阳、崔妙因译，商务印书馆 1986 年版，第 127 页。

② 参见〔英〕戴雪：《英宪精义》，雷宾南译，中国法制出版社 2001 年版，第 244—245 页。

③ 参见〔美〕昂格尔：《现代社会中的法律》，吴玉章、周汉华译，译林出版社 2008 年版，第二章注 11。

的法治理念和原则。之后的另一位法学家韦德适度纠正了戴雪的观点，将法治国理念概括为五点：一是合法性原则；二是限制自由裁量权；三是禁止特权原则；四是平等原则；五是罪刑法定原则。[①]

在德国，"法治论"经历了从形式主义法治到实质主义法治的历史变迁。在形式主义法治阶段，往往是法律思维占据主导地位，它可能导致一种良好的法治秩序，也可能导致一种恶劣的法治秩序。因为"恶法亦法"，纳粹统治时期就是明证。首先论述实质法治国理念的是拉德布鲁赫于1946年发表的《法律上的不法与超法律的法》这篇雄文。该文提出了实质法治国应符合三个要件：合法性、追求正义及法律安定性。[②]拉氏认为，正义必须超越实证法的理念来理解，同时形式主义法治国关于形式合法性及法律安定性的要求，应当被包含其中。而之后的另一位法学家肖勒则在法治国的价值中补充了另外两种价值：保障自由及防止滥权。[③]

而今，追求并奉行法治已经成为了现代各国的基本共识，并且一般都在宪法性的文本中规定法治国的基本原则。比如，美国宪法第六条规定："本宪法于依照本宪法所制定的合众国法律，以及合众国的权力所缔结或将缔结的条约，均为全国的最高法律。即使与任何州的宪法或法律有抵触，各州法官仍应遵守。"德国《基本法》

---

① 参见 [英] 威廉·韦德：《行政法》，楚建译，中国大百科全书出版社1997年版，第25—28页。

② 参见陈新民：《德国公法学基础理论》（上册），山东人民出版社2001年版，第91页。

③ 参见陈新民：《德国公法学基础理论》（上册），山东人民出版社2001年版，第93页。

第二十条第三款规定："立法应遵循宪法秩序，行政和司法应遵守正式法律和其他法律规范。"正式确认了法治国原则。但是，没有任何国家能够在法律性文本中列举或穷尽"法治"应有的价值和追求，也无法停止或者中止这种持续的追求。

二、理想型构：人治与法治的利弊优劣

古人云："礼法正则人志定，上下安。"① 在中国古代的"礼法天下"中，"礼"是精神实质，是内在的"体"；"法"是规范载体，是外在的"表"。可见，中国文化传统中始终认为礼治优于法治。当然，中国古代的"礼治"，实质上就是以"德治"为内核，以"君主"为载体的人治。这种以德治为内核的人治，在历史变革中往往被异化为世俗上的专制（君主专制）和精神上的专制（宗教专制）。由此可知，德治、君主专制、宗教专制和法治是历史发展中最为重要的四种治理模式，前三种都是人治的表现形式，德治是人治的优良展现，君主专制和宗教专制是人治的异化形式。比较四种治理模式，我们可以更加清晰地理解人治与法治的利弊优劣。

德治是指治理者通过教育、风俗、习惯等方式推行某种政治伦理观念，劝说百姓自愿接受和奉行其政策方针的治理方式。在中国古代，孔子和孟子所倡导的"礼治"和"仁政"就是德治的理论基

① （明）余继登：《典故纪闻·卷一》。

础；在西方，柏拉图所描绘的"哲学王的统治"是同样的理论版本。[①]
这种治理方式往往强调"以德配天"的正当性，以君主的开明德行
所形成的政治权威为前提，以柔性的教化作用为着力点，使得治理
者与被治理者之间形成"劝说—服从"的诱导型社会关系。在中国
历史上，这种治理机制曾长期发挥重要作用。但是，这种治理机制
也具有两面性，它既有温情脉脉，也有残酷暴戾。而且对不同的事
项、不同的个体要求不一，往往造成人与人之间的不平等性。

君主专制是指作为治理者的君主通过运用其所掌握的独断权力
强制地要求百姓接受其政策方针的治理方式。在中国古代，"申子
之术"、"慎到之势"和"韩非之法"都曾为君主专制提供理论依据；
在西方，马基雅维里所提出的君主应当具有"狮子"和"狐狸"两
种特质的论述则是对君主专制另一种理论阐释。[②]这种治理方式往
往凸显"君权神授"的正当性，以君主的神秘主义所形成的政治权
威为前提，以强制性的暴力工具为保障，使得治理者与被治理者之
间形成"命令—服从"的压制型社会关系。显然，这种压制型的社
会秩序只是表面的、短暂的社会平衡，难以持久。

宗教专制是指作为治理主体的宗教团体通过运用某种宗教教义
的价值导向作用以及宗教机构的社会组织能力来引导百姓服从和接

---

① 参见［古希腊］柏拉图：《理想国》，郭斌和、张竹明译，商务印书馆1997年版，
第214页。

② 参见［意］尼科洛·马基雅维里：《君主论》，潘汉典译，商务印书馆1997年版，
第83—85页。

受其政策方针的治理方式。西方的"上帝之城"①和东方的"佛国"都是这种治理方式的理论追求。这种治理方式往往强调"神"或"佛"的全能、伟大与正确，以个体的敬畏感所产生的精神权威为前提，以全面支配个体的精神生活为目标，使得治理者与被治理者之间形成"宣教—追随"的控制型社会关系。毫无疑问，这一治理方式也有着其自身合理性，但是它在西方中世纪走到了一个极端，形成了对公民生活和尊严的全面控制和剥夺，因而被史学家描绘为"黑暗时期"。

法治是指作为治理主体的人民运用预定的、稳定的、具有共识的制度和规则来引导、约束和规范百姓行为，促使其服从和接受其政策方针的治理方式。西方的"法治国"理论是其理论源头，但也已经在中国的土地上生根、发芽并开出具有中国特色的理论花朵。这种治理方式往往强调"规则之治"的正当性，以尊重规则、信仰法治为前提，以调整个体的行为为重点，使得治理者与被治理者之间形成"权力—监督"的平等型社会关系。

相较而言，法治建立于制度权威而非个人权威的基础上，因而更具稳定性和持久性，并且旨在创造治理者与被治理者以及被治理者之间的平等型社会关系，是现代社会最为有效的天下归心方式。正因如此，进入民族国家以后，很多西方国家逐步并且最终选择了法治与宗教并行的治理机制。一方面，承认宗教的一定作用并明确限定其作用范围，让"恺撒的归恺撒，上帝的归上帝"；另一方

---

① [美]乔治·霍·萨拜因：《政治学说史》（上册），盛葵阳、崔妙因译，商务印书馆1986年版，第232页。

面，确立法治在世俗生活的支配地位，让法律成为公民行为的行动准则。

三、百年探索：人治与法治的曲折歧途

近现代以来，我国开始探索法治的道路，经历了非常曲折的历史过程。孙中山的"五权共和"从未在生活中得到真正落实，国民政府长期实行的是专制和独裁，并未实行西方式的法治。

在新中国成立以前，中国共产党在革命根据地建设中尽管曾制定过一些行政法律性文件，建立了人民群众的申诉、控告、检举等制度。但是，那时的根本任务是革命和战争，而不是建设和发展，革命和战争需要的是权威和服从，而不是民主和法治。

新中国成立后较长一段时间内，党和政府开始探索走法治道路，在制度建设中比较重视约束公权力的运行。表现为：制定各种行政组织法，为政府权力确定了范围和责任；颁布各种行政管理法规，为政府权力的行使确定行为准则；设立了行政法制监督机构，对政府机关及其工作人员行使权力进行监督，既保障政府机关及其工作人员合法、准确、有效地行使职权，又防止公民的合法权益被政府机关及其工作人员的违法失职行为侵犯。

总的来说，那个时期治理者虽然对法制比较重视，并且开始了行政法制的初步建设，但是他们对法治的认识并不是很深刻的。在最高领导人心理上还是更加倾向于人治的。于是，在二十世纪五十

年代后期，在国际国内出现新形势后，我们领导人就完全放弃了对法治的探索而毅然决然地实行人治。自1957年至1978年的二十年间，我国法治建设进入停滞和倒退的时期。特别是"文化大革命"十年，法治更是备受摧残和践踏，陷入了彻底的法律虚无主义。在这一时期，宪法被实际废除，刑罚被完全滥用，民法变得毫无作用，行政法已无存在余地，公民权利缺乏基本保障，整个国家法治都遭到毁灭性的破坏。

显然，此时的国家治理完全背离法治而走向了极端人治的道路，它给国家和人民带来的灾难是无比深重的。因此，人们在痛定思痛后深刻反省：我们到底应当选择人治还是法治？人治模式或许能够创造一时的速度和效率，但它不可避免地会导致公权力的异化和滥用，给整个国家、社会和百姓都造成高昂的代价。

改革开放以后，我们又重新启程开始了对于中国特色法治道路的探索，并逐步走向了中国特色法治道路的正途。经历了自1978年至1992年我国法制的恢复和重建时期后，举国上下对于法治的需求也随着市场经济的发展不断增长。在这种时代背景下，法治目标开始孕育，法治建设开始加速。1992年，邓小平同志在南方谈话中指出："恐怕再有三十年的时间，我们才会在各方面形成一整套更加成熟、更加定型的制度。在这个制度下的方针、政策，也将更加定型化。"[①] 这是我国依法治国目标和时限思想的最初孕育。1997年，党的十五大明确提出依法治国的基本方略。并且强调，

---

① 《邓小平文选》第三卷，人民出版社1993年版，第372页。

法治十问

"依法治国是广大人民群众在党的领导下，依照宪法和法律规定，通过各种途径和形式管理国家事务，管理经济文化事业，管理社会事务，保证国家各项工作都依法进行，逐步实现社会主义民主的制度化、法律化，使这种制度和法律不因领导人的改变而改变，不因领导人看法和注意力的改变而改变"①。这一阐述非常鲜明地反对人治，奉行法治。1999 年，我国宪法修订时更加明确提出依法治国的目标是"建设社会主义法治国家"。这一目标非常清楚地凸显了我国法治建设目标的社会主义特色。2013 年 1 月，习近平就做好新形势下政法工作作出重要指示，提出了"法治中国"的目标。这一表述在党的十八届三中全会通过的《中共中央关于全面深化改革若干重大问题的决定》中被采用。这一目标非常清楚地凸显了我国法治建设目标的中国特色。可见，"社会主义法治国家"与"法治中国"是我国法治模式的"一体两面"，展现了我国法治道路两个基本特征。

党的十八届四中全会的召开及其通过的《中共中央关于全面推进依法治国若干重大问题的决定》表明，我们对于法治的认识达到了前所未有的新认识，我们的法治建设进入了前所未有的新阶段，我国对于法治工作的领导达到了前所未有的新高度。这是自 1921 年我党建党以来第一次以法治为主题的全会，这是自 1997 年提出依法治国目标以来第一次对法治目标进行细致描述，这是自 1949 年新中国成立以来第一次对法治建设工作进行全面具体的部署。

---

① 1997 年，江泽民在党的十五大所作报告：《高举邓小平理论伟大旗帜，把建设有中国特色社会主义事业全面推向二十一世纪》。

四、正本清源：法治是治国之正道

自古至今，我们对于人治与法治的认知都存在诸多误区，这些认知误区会在社会实践中转化为截然对立、相互冲突的不同思维模式，具体表现为：法律至上与权力至尊的冲突，保障权利与漠视权利的冲突，规范权力与放纵权力的冲突，注重程序与排斥程序的冲突。① 因此，我们必须严厉批判，坚决予以纠正。

第一，中国自古以来缺乏法治的文化传统。这种观点认为，中国自古以来，有法制而无法治，法律只是君主治理国家的工具，隐匿于这种工具主义法制观念背后的是非常强烈的人治传统。其实，尽管中国古代人治传统占据主导地位，并不意味着中国古代思想土壤中不曾孕育法治的种子。只不过这些曾经可能促成法治萌芽的思想因子，在文化的传承中又一再地被遏制和消除。比如，古人所主张"法者天下之平，与天下共之"、"不游意于法外，不为惠于法内"、"执法不敢惜死"、"执法所在，不得舞文弄法"、"治官事则不营私"等理念，都洋溢着现代主义法治精神。着眼未来，这些被时代变革所过滤甚至扬弃的传统思想仍可以为我国当前法治建设提供一些思想源头的活水，为法治思维的运用提供一些内化标准。不妨这样说，这些思想中所包含的某些理念或许仍然是今日中国社会生

① 参见任红杰：《法治思维与人治思维的五大冲突》，《中国党政干部论坛》2013年第7期。

活中的"高级法"背景。①

第二,人治更有效率。当前,很多官员流行一句口头禅"有法就无法,无法就有法",意思是有了法律就无办法做事,没有法律就有办法做事,这是典型的法律虚无论。诚然,从一时一事而言,可能人治的方法更加有效率。但是,这种效率绝非一种可以长久保持的效率,因为人治手段更加倾向一种上下压制式的方式,形成一种"命令—服从"的法律关系,并没有解决问题的根源。而法治的手段更加强调一种合作式的方式,形成一种"协商—合作"的法律关系,旨在对深层次的利益关系进行公平调整,从根源上解决问题,能够实现一种更加长久保持的效率。

第三,法律的实施关键在于人,而非制度。比如,欧阳修所说:"治国用法,行法用人。"② 在他看来,法律是死的,人是活的。黄宗羲所说"即论者谓有治人无治法,吾以谓有治法而后有治人",同样是强调人的作用大于规则的作用。③ 这种论调在今天仍然很有市场。这种将人和制度对立的观点显然是错误的。一般而言,人是制度的唯一焦点,它是制度的制定者,也是制度的实施者,还是制度的调整对象,两者是无法分开的。所以,要保证制度的实效性当然离不开人。但是,具体化来说,制度比任何一个单个的个人都更重要。因为,不管具体的某个人、具体某个岗位多么重要,都不是不可替代的,都不是能够长久发挥作用的。而一个好的制度则不因

---

① 参见韩春晖:《执法之道》,语文出版社 2015 年版,前言。
② 《欧阳文忠公文集》卷五。
③ 《明夷待访录·原法》。

人的改变而改变，可以长久、稳定地发挥作用。

第四，人治利于选拔贤能。这种观点的最大论证为"伯乐相马"，认为人才的成长必须依靠"伯乐"，制度化的途径无法保障选拔出国家需要的贤能。这一观点的错误性显而易见。问题有三：一是千里马常有，而伯乐不常有。如果完全依靠"伯乐"来选拔官员，面对今天如此巨大的公务员队伍，哪有那么多"伯乐"来负责这项工作。二是伯乐选才也可能"挂一漏万"。在现代社会，随着学科发展的更加细化，专业性人才种类越来越多，没有哪个"伯乐"能够对众多的专业领域都有深入了解。也就是说，"马"的种类更加繁多了，"伯乐相马"的难度也明显加大了，"伯乐"对人才的选拔很可能"挂一漏万"。三是"伯乐"也处于不被监督的状况，很可能存在用人不公。"伯乐"有选才的眼力，但未必有选才的公心。如果他处于不被监督的状态，很可能形成用人腐败。更有甚者，不是为国选才，而是为己选才，最终结党营私。

早在两千多年前，我们的圣哲就已经认识到人治与法治此消彼长的关联性。左丘明说："法行则人从法，法败则法从人。"① 因此，我们要坚定不移地走中国特色法治道路，就必须坚决地纠正这些不正确的观念认识和思维模式，充分认识到唯有法治方为国家治理的正道。古人云："法者，治之正也"，② 它是一国之内各方主体能够实现利益最大化的治理机制，对于国家建设是如此，对于社会治理也是如此，对于个人发展更是如此。

① 《春秋左传》卷二十三。
② 《史记·孝文本纪》。

法治十问

从国家建设层面来看，法治是构建现代国家的强国之路、富国之路和定国之路。这一点已经为中外历史经验所证明。在中国历史上，"大变法"往往是"大发展"的揭幕曲。商鞅变法是一次"抱法处势"而为的成功改革，它不仅使秦国得以富足、强大并一统天下，而且确立了封建集权制的基本体制，自此往后"百代皆行秦政治"。明朝张居正"一条鞭法"的变革，不仅使得政府税收显著增加，而且国库粮食储备非常充足，还间接促进了工商业的发展。宋代王安石变法尽管没有取得完全成功，但客观上仍然稳定了宋朝的统治基础，为总体上颓靡不振的王朝注入一股清新之风。当然，王安石变法的功败垂成，缘于地主阶层的强烈反对；而商鞅则通过"城门立木"让普通百姓"归心"，通过惩治太子在权贵阶层"立威"，基本实现了上下归心。

在英国，在1066年的诺曼征服之后，征服者正是通过巡回法院审判制度来逐步实现了对英伦三岛的有效治理。在德国，俾斯麦通过战争与法治两种手段相配合真正实现了德意志民族的统一。在日本，十九世纪六十年代的"明治维新"使得它成为亚洲第一个走向工业化道路的国家。可见，法治变革是推动西方国家实现国家基本建构、完成民族真正统一、走向现代发展道路的重要力量。在其中，法治展现为一种充满智慧和理性的政治文明，是一种"天下归心"的国家治理方略。

从社会治理层面来看，法治是治理天下的理性之道、公平之道和长久之道。其一，法律作为一种制度文明，它是公共精神的载体，是集体智慧的结晶。一国法治方略中所包含的智慧大大优于哪怕是最聪明的君主的个人智慧，是治理天下的理性之道。古人所说"小智做事，中智用人，大智立法"，实际上就包含着这个道理。其二，法律是社会关系的调节器，核心是调整权利义务等利益关系。奉行法治就是通过整体、全面、合理的制度安排，从制度上理顺各种利益关系，平衡不同利益诉求，是治理天下的公平之道。其三，法律是明确的、稳定的、可预期的、符合民心所向的规范体系。反之，其他个体化、权宜性和应对性治理方式要么难以持久、要么标准不明、要么矫枉过正，带来的问题甚至比解决的问题更多。唯有法治，是实现天下长治久安的长久之道。

从个体发展层面来看，法治是现代社会成本最低、机会最均等、和谐度最高的生活方式。在专制体制下，个体的生活成本较高，而且机会不均等，和谐度也不足。在礼治秩序中，个体的生活成本较低，和谐度也较高，但机会严重不均等。在现代法治社会中，规则的确定性降低了公民之间的交易成本，制度的公平性赋予了公平平等的发展机会，救济的有效性防范了人民内部矛盾激化。对于公民而言，学法、尊法、守法、用法就是一种最优良的生活方式。

为什么把12月4日确定为国家宪法日？

吴 鹏 黄 硕*

一、中国把 12 月 4 日定为宪法日的背景

（一）12 月 4 日：从"八二宪法"诞生日到全国法制宣传日

在中华人民共和国历史上，12 月 4 日是什么重要日子？

问题的答案要回到 33 年前去寻找。翻开许崇德教授的《中华人民共和国宪法史》，这位亲身见证了中国宪法近 60 年发展史的长者，在书中描述了发生在 1982 年 12 月 4 日那一个庄严、重大、神圣的历史事件。摘录如下：

* 吴鹏，中国人民大学公共管理学院副教授、政府管理与改革研究中心主任；黄硕，广东省社会科学院法律与治理现代化研究中心助理研究员。

12 月 4 日，第五届全国人大第五次会议就《中华人民共和国宪法修改草案》进行投票表决。第五届全国人大共有代表 3421 人，当天出席会议的代表 3040 人。大会首先宣读了宪法修改草案全文，接着，大会通过了以陈志彬和杜棣华为总监票人的 62 名监票人名单。下午 5 时，投票开始，代表们手持写着"中华人民共和国宪法表决票"字样的粉红色表决票，在会场预设的 30 个票箱分别投下了神圣的一票……5 时 45 分，大会执行主席习仲勋宣布：根据总监票人的报告，有效选票 3040 张，其中赞成票 3037 张，反对票没有，弃权票 3 张。现在宣布中华人民共和国宪法已经由本次会议通过……12 月 4 日，第五届全国人大第五次会议主席团发布《中华人民共和国全国人民代表大会公告》。公告称：中华人民共和国宪法已由中华人民共和国第五届全国人民代表大会第五次会议于 1982 年 12 月 4 日通过，现予公布施行。①

2001 年 4 月 26 日，中共中央、国务院转发《中央宣传部、司法部关于在公民中开展法制宣传教育的第四个五年规划》(以下简称《规划》)。该《规划》提出，法制宣传教育第四个五年规划的目标是"根据我国宪法原则和新时期社会主义民主法制建设的发展进程，深入开展法制宣传教育，全面提高全体公民特别是各级领导干部的法律素质"。该《规划》提出了若干点工作步骤和方法，其中值得注意的

---

① 参见许崇德：《中华人民共和国宪法史》，福建人民出版社 2003 年版，第 764—765 页。

是："将我国现行宪法实施日即 12 月 4 日，作为每年一次的全国法制宣传日。"

自此，12 月 4 日成为我国的全国法制宣传日。通过理解上述《规划》的整体精神可知，法制宣传日的宗旨一开始就跟宪法原则和民主建设紧密相关。

法制宣传日自设立以来，获得了学术界和实务界的基本肯定。韩大元教授对此评价说："'法制宣传日'活动开展十多年以来，在全社会普及了法律知识，提高了公众法治观念，推动了法治的发展与进步。"[①]

（二）12 月 4 日：从法制宣传日到国家宪法日

法制宣传日的设立，对于提高我国法治水平、增强人民法治观念取得了值得肯定的成绩，但同时也要看到其美中不足之处。主要问题是在宣传过程中，宪法的功能和价值的宣传教育未能重点突出。宪法作为根本法，在我国法规范体系中处于最高地位，是法律、行政法规、地方性法规、规章等法规范形式的效力渊源和价值基础，是规范和限制公权力设置和运作的根本性规范，是民主和人权的基本保障。若宪法的上述功能和价值在法制宣传教育中未得到有效强调，法制宣传教育工作无疑就像失去了统帅一样，在部分地方基层和单位中就简化为单纯的公民守法教育，而法治国家中依法执政、依法行政、依法立法、依法审判等更为重要的内涵很可能被

[①] 韩大元：《建议将"法制宣传日"改为"宪法日"》，《法制资讯》2012 年第 Z1 期。

忽视。对此，有学者指出："宣传宪法的内容并不集中，力度并不够，在实践中虽然宣传了一些法律、法规，但在全社会仍没有树立起完整的法治理念，也难于形成社会共同体的核心价值观。一些社会成员，特别是领导干部对宪法这部国家根本法的认识还非常欠缺，维护宪法的自觉性没有形成为社会的内在动力。一些公职人员缺乏宪法观念，不敬畏生命，有的公务员失去了基本的伦理道德。"①

上述问题的存在，以及学术界和实务界为解决这一问题的反思，促使了法制宣传日向国家宪法日的"华丽转身"。在实务界，上海市在宪法颁布以后，专门设立了"宪法宣传周"。1989 年 8 月 11 日，上海市九届人大常委会十次会议通过了《关于开展以宪法为主要内容的法制宣传教育的决定》，规定每年宪法颁布日的当周（即 12 月的第一周）为宪法宣传周。在学术界，韩大元教授在 2012 年公开提议将法制宣传日改为宪法日。他认为，从建设社会主义法治国家的基本目标出发，为了加强宪法宣传，强化宪法观念的普及，突出公民意识和宪法意识的培养，建议在宪法实施 30 周年之际，即从 2012 年起，由全国人大常委会以通过决议的形式将 12 月 4 日"法制宣传日"改为"宪法日"，从而更贴近 12 月 4 日现行宪法颁布日纪念活动的本意。②

2014 年，中共中央结合各地的宪法宣传经验，接受学者们的建议，向全国人大提议设立国家宪法日。

---

① 韩大元：《建议将"法制宣传日"改为"宪法日"》，《法制资讯》2012 年第 Z1 期。
② 参见韩大元：《建议将"法制宣传日"改为"宪法日"》，《法制资讯》2012 年第 Z1 期。

法治十问

当年 10 月 23 日党的十八届四中全会通过的《中共中央关于全面推进依法治国若干重大问题的决定》，其第二部分题为"完善以宪法为核心的中国特色社会主义法律体系，加强宪法实施"。该部分提出："完善全国人大及其常委会宪法监督制度，健全宪法解释程序机制。……将每年十二月四日定为国家宪法日。在全社会普遍开展宪法教育，弘扬宪法精神。建立宪法宣誓制度，凡经人大及其常委会选举或者决定任命的国家工作人员正式就职时公开向宪法宣誓。"

同年 11 月 1 日，第十二届全国人民代表大会常务委员会第十一次会议通过《全国人民代表大会常务委员会关于设立国家宪法日的决定》。该《决定》指出："全面贯彻实施宪法，是全面推进依法治国、建设社会主义法治国家的首要任务和基础性工作。""为了增强全社会的宪法意识，弘扬宪法精神，加强宪法实施，全面推进依法治国……决定将 12 月 4 日设立为国家宪法日。国家通过多种形式开展宪法宣传教育活动。"

于是，2014 年 12 月 4 日，全国人民迎来了我们的第一个国家宪法日。在这一个具有特殊意义的纪念日来临之际，习近平总书记作出重要指示，要求以设立国家宪法日为契机，深入开展宪法宣传教育，大力弘扬宪法精神，切实增强宪法意识，更好发挥宪法在全面建成小康社会、全面深化改革、全面推进依法治国中的重大作用。随后，全国人大常委会委员长张德江作《深入开展宪法宣传教育牢固树立宪法法律权威》的讲话，对国家宪法日的内涵作出更详尽的官方阐释。

从法制宣传日到国家宪法日，并不是纪念日名称的简单变更而已，亦不是后者对前者的否定。它标志着我国法治进程的发展和法治观念的逐渐深入。可以说，法制宣传日是国家宪法日的基础，国家宪法日是法制宣传日的升华。"12 月 4 日是全国法制宣传日，在这一天，社会各界都会通过各种形式开展弘扬宪法精神、以宪法为核心的法制宣传，这些都为设立国家宪法日打下了良好基础。"①

为什么把 12 月 4 日定为国家宪法日？从形式上看，把 12 月 4 日定为国家宪法日，是纪念我国"八二宪法"的诞生日。但笔者认为，对这个问题的回答不能停步于这个层面，需要从历史传承、精神价值、制度实践、国际影响等层面更深刻地思考问题的答案。结合全国人大常委会和一些学者对国家宪法日内涵的解释，本文认为，把 12 月 4 日定为国家宪法日有如下四方面理由：

二、为了确定中华人民共和国宪法制度的历史基础与正当性

（一）中华人民共和国宪法的历史基础——中国宪法发展史的回顾

十九世纪中叶以来，中国内因封建专制统治日益腐朽，外有西方资本主义列强入侵，陷于内忧外患中。从太平天国、洋务运动到

---

① 梁国栋：《设立国家宪法日，重塑宪法权威》，《中国人大》2015 年第 3 期。

戊戌变法、辛亥革命，从洪秀全、洪仁玕、曾国藩、李鸿章到康有为、梁启超、孙中山，有识之士奋起寻求救国之路。特别是康有为、梁启超主张君主立宪，孙中山等革命党人主张建立民主共和国、建立"五权宪法"，都为中国宪法的出现起了催生作用。

清王朝末年，清政府宣布预备立宪，1908 年颁布《钦定宪法大纲》与 1911 年颁布《宪法重大信条十九条》，虽然宪法文本上具有君主立宪的意义，但由于清政府没有行宪的诚意，欺骗人民，这两个宪法文件随清政府一同埋葬于历史中。孙中山领导的中华民国建立后，1912 年 3 月 11 日颁布《中华民国临时约法》，是中国历史上第一部、也是唯一的一部资产阶级民主的宪法，但袁世凯就任总统后，恢复专制统治，挟军事强势轻易撕毁了这部《临时约法》。十九世纪末叶以来，"在中国虽然有过不少的人为实现资产阶级的宪政做过各种各样的努力，但是一点成就也没有"。"中国资产阶级既然没有能力领导人民战胜外国帝国主义和本国反动派的联合力量，它就不可能使中国变为资产阶级共和国，也就不可能使中国出现资产阶级性质的宪法。"[①]

北洋军阀时期，袁世凯、曹锟、段祺瑞先后颁布多部宪法或宪法草案，其中曹锟统治时期于 1923 年 10 月颁布的《中华民国宪法》是中国历史上第一部正式宪法。但这些宪法或宪法草案都是以宪法之名粉饰专制之实。国民党蒋介石统治时期，分别于 1931 年通过了《中华民国训政时期约法》、1936 年公布了"五五宪草"、1947 年颁布

---

① 刘少奇在 1954 年 9 月 15 日第一届全国人大第一次会议上《关于中华人民共和国宪法草案的报告》。

《中华民国宪法》。正如刘少奇同志的报告指出的，这些宪法都是封建买办阶级的反动统治者用来欺骗人民的伪宪法，最终都被人民所抛弃。①

我国由工人阶级领导的、以工农联盟为基础的人民共和国的宪法，其实践始于人民革命根据地时期。最初探索可溯至《中华苏维埃共和国宪法大纲》的制定与施行。1931 年 11 月 12 日至 18 日，中华工农兵苏维埃第一次全国代表大会听取并讨论通过了《中华苏维埃共和国宪法大纲》，共 17 条，该《大纲》把革命人民已经争得的成果，用根本法的形式确认下来，是中国宪政运动史上的一大创举。它是中国共产党领导制定的最早的一部人民宪法。其确立的原则后来被《陕甘宁边区施政纲领》《陕甘宁边区宪法原则》以至《中国人民政治协商会议共同纲领》和《中华人民共和国宪法》所广泛运用。《共同纲领》以及《陕甘宁边区施政纲领》《陕甘宁边区宪法原则》，虽然形式并不完备，但"它们是人民自己的宪法性文件，是我国无产阶级宪法最初的尝试和雏形"②。

中国共产党领导的新民主主义革命胜利后，1949 年 9 月 29 日，政协第一届全体会议庄严通过了《中国人民政治协商会议共同纲领》。《共同纲领》是一个宪法性文件，在新中国成立初期起"临时宪法"的作用，它规定了国体、政体、人民广泛的民主权利和自由、政府职权、各项基本政策等应由宪法规定的根本问题，并具有一般

---

① 参见刘少奇在 1954 年 9 月 15 日第一届全国人大第一次会议上《关于中华人民共和国宪法草案的报告》。

② 许崇德：《中华人民共和国宪法史》，福建人民出版社 2003 年版，第 17 页。

法律（例如当时的《人民法院暂行组织条例》《中央人民政府组织法》《选举法》等）的立法依据的地位和作用。同时，《共同纲领》具有过渡性质，其第十四条规定："凡军事行动已经完全结束、土地改革已经彻底实现、各界人民已有充分组织，即应实行普选，召开人民代表大会。"这一条规定可以解释为《共同纲领》规定了中华人民共和国宪法的制宪条件，体现了《共同纲领》和1954年宪法的继承关系。

1954年9月20日，首届全国人民代表大会第一次会议以1197票同意、无反对票和弃权票的表决结果，通过了《中华人民共和国宪法》，即1954年宪法。1954年宪法是中国人民第一次自主通过行使制宪权而制定的宪法，是中国第一部社会主义类型的宪法。它把人民民主原则和社会主义原则予以制度化、法律化，第一次把我国各项基本制度诸如人民代表大会制、民族区域自治制度、社会主义公有制等确认下来，以后修改而成的宪法都是对它的继承和发展。[①]

1975年和1978年，全国人大对1954年宪法作出两次全面修改，分别产生了1975年宪法和1978年宪法。一方面要看到，这两部修改后的宪法在实质内容上具有严重缺陷，制度设计上具有很多违反法律本身规律的问题；另一方面也要看到，这两部宪法毕竟在形式上是对1954年宪法的继承。1975年宪法草案报告中指出"1975年宪法是1954年宪法的继承与发展"，1978年宪法则以1954年宪法

---

① 参见许崇德：《中华人民共和国宪法史》，福建人民出版社2003年版，第276—277页；韩大元：《1954年宪法与中国宪政》，武汉大学出版社2008年版，第十章。

的修宪程序为基础，具备形式合法性。

1982 年，全国人大以 1954 年宪法为基础，对宪法第三次作出全面修改，产生 1982 年宪法，这是我国第四部宪法。[①] 如本文开头所述，现行宪法诞生于 1982 年 12 月 4 日，并于 1988 年、1993 年、1999 年、2004 年先后通过了 31 条宪法修正案对其进行了局部修改。

（二）现行宪法的正当性

《全国人民代表大会常务委员会关于设立国家宪法日的决定》指出："现行宪法是对 1954 年制定的新中国第一部宪法的继承和发展。"张德江委员长在讲话中亦指出："1949 年具有临时宪法作用的《中国人民政治协商会议共同纲领》和 1954 年一届全国人大一次会议通过的《中华人民共和国宪法》，都以国家根本法的形式，确认了近代 100 多年来中国人民为反对内外敌人、争取民族独立和人民自由幸福进行的英勇斗争，确认了中国共产党领导中国人民夺取新民主主义革命胜利、中国人民掌握国家权力的历史变革……我国现行宪法确立的许多重要制度和原则，都来源于 1954 年宪法和 1949 年共同纲领，是对它们的继承、坚持、完善和发展。"[②] 这表明，我国最高国家权力机关以官方形式，确认了《共同纲领》、1954 年宪法和 1982 年宪法具有继承关系。

---

① 本文所称的"四部宪法"，是指中华人民共和国在同一个制宪权基础上制定了宪法后，经过三次全面修改后形成了四个宪法文本，它是宪法修改权的运作，并非指制宪权基础变更后四次制定了不同的宪法。

② 张德江：《深入开展宪法宣传教育　牢固树立宪法法律权威》，《求是》2014 年第 24 期。

从制宪权主体来看，1954 年宪法由人民授权全国人大作为制宪机关而制定，于 1954 年 6 月 15 日至 9 月 10 日向全民公布，征求全国人民意见。全国人民参加讨论的共有 1.5 亿多人，许多地区参加学习和讨论宪法草案的人数达到当地成年人口的 70% 以上，部分城市达到 90% 以上。全国人民对宪法草案提出修改和补充的意见，共计 118 万多条，刊印成《全民讨论意见汇编》16 册。[①] "新中国制宪权的正当性具体表现在作为制宪权主体的人民获得国家政权和国家独立的客观事实。"[②] 因此制宪权主体具有正当性。

从制宪程序来看，制宪的启动在 1952 年 12 月由中共中央向全国政协提出制宪建议；全国政协常委会向中央人民政府委员会提出制宪建议，后者做出制宪决议，同时组成宪法起草委员会；宪法起草委员会经过 9 次全体会议，期间全国政协、各省领导机关组织8000 人各方人士大讨论，形成 5900 多条意见；中央人民政府委员会在此基础上形成并公布宪法草案，交全民大讨论；至 1954 年 9 月14 日，中央人民政府委员会临时会议在全民大讨论基础上对宪法草案作最后一次修改；根据《共同纲领》及以此为依据的《选举法》，1953 年下半年全国基层普选完成，1954 年 6—8 月各级人大相继召开，1954 年 9 月组成第一届全国人大；经过全国人大讨论宪法草案，以无记名投票方式通过了 1954 年宪法。[③] 从上述制宪过程来看，

---

① 参见许崇德：《中华人民共和国宪法史》，福建人民出版社 2003 年版，第 233—236 页。

② 韩大元：《1954 年宪法与中国宪政》，武汉大学出版社 2008 年版，第 32 页。

③ 参见许崇德：《中华人民共和国宪法史》，福建人民出版社 2003 年版，第七、八章。

1954 年宪法制宪程序也具有正当性。

1982 年宪法是 1954 年宪法的继承和发展，前者以后者为基础修改。1982 年宪法的宪法结构基本保留了 1954 年宪法的结构，宪法规范的立法技术以 1954 年宪法为基础，恢复了国家主席的设置，公民基本权利也在 1954 年宪法基础上新增和调整。据学者比较 1954 年宪法和 1982 年宪法文本后统计，两者相同的有 51 条，占前者比例 45.6%；相似的有 47 条，占前者比例 42%。[①] 可见，既然 1954 年宪法具有正当性，而这种正当性在现行宪法中获得了继承。

（三）国家宪法日的设定所具有的历史意义

将现行宪法诞生日 12 月 4 日设定为国家宪法日，因为 12 月 4 日是个承前启后的日子。现行宪法是《共同纲领》和 1954 年宪法的继承，又是当今社会主义法治建设的最高标准和指南。以这一天为国家宪法日，"有助于继承和发扬中华民族的宪法文化与传统，确定中华人民共和国宪法制度的历史基础与正当性"[②]。法制宣传教育中对宪法的认识，不应该是平面的，必须站在历史的维度、用过程论的思维看待我国现行宪法，吸取 1954 年宪法实施以来甚至是清末立宪以来的经验和教训。只有以史为鉴，才能更深刻理解现行宪法的地位和价值。正如张德江委员长所言，"在历史

---

① 参见韩大元：《1954 年宪法与中国宪政》，武汉大学出版社 2008 年版，第十章。

② 韩大元：《建议将"法制宣传日"改为"宪法日"》，《法制资讯》2012 年第 Z1 期。

的启迪和传承中弘扬宪法精神，增强宪法自信和宪法自觉"①。

历史证明，在中国，照搬西方宪政制度的模式是一条走不通的路。新中国成立后制定的1954年宪法具有辉煌的历史地位，但也有其不成熟之处，主要是全盘苏化，盲目否定旧中国宪法学和盲目批判西方宪法学，未充分予以扬弃之后、结合中国国情为我所用。回顾1982年以前的法治之路，有学者总结认为：实现社会主义法治，必须注意培养民众的宪法意识，因为宪法意识尤其是宪法精神对制宪、行宪都有深远影响，而1954年宪法实施过程的教训是未形成全社会普遍的宪法意志，使得宪法实施缺乏广泛的社会基础。同时，实现社会主义宪政，必须注重保持宪法规范与社会现实的协调，必须建立有效的宪法保障机制，才能确保宪法的有效实施。②

三、为了推进宪法宣传教育，弘扬宪法精神

（一）宪法的精神

宪法日是宪法精神的宣传日。宪法的精神，概括起来就是民主、法治、人权和限制权力。宪法是实现民主的基本形式，民主价值通过宪法实施得到普及和实践。法治是宪政发展的必然结果，法

---

① 张德江：《深入开展宪法宣传教育　牢固树立宪法法律权威》，《求是》2014年第24期。

② 参见韩大元：《1954年宪法与中国宪政》，武汉大学出版社2008年版，第414—420页。

治的精髓是维护人的尊严，限制公共权力。^① 一方面，法治以维护人的尊严为底线，防止多数人暴政；另一方面，民主又可以防止法治的理性走向极端，导致"乌托邦"的灾难。那么，违宪审查就是调和民主和法治的基本形式。人权保障是宪政的核心价值与最终目标，保障人的尊严是一切国家权力活动的基础和出发点。限制权力，是指宪法中必须设计各种制度和方法以控制国家权力的范围和行使，避免其滥用，保障公民权利。^②

（二）国家宪法日的设立能促使人们反思宪法精神

在宪法日，人们应当从什么角度反思宪法的上述精神？学者们的论述给了我们不少启发：

有学者认为，"尊重宪法、维护宪法、实施宪法，实质上就是尊重民主、维护民主、实施民主。特别是，通过开展'宪法日'活动，能够培养广大人民群众的公民意识和国家公职人员的法治意识，有利于不断巩固执政党的合法性地位，营造良好的建设政治文明氛围"。同时，"设立宪法日的目的是弘扬宪法精神，普及宪法价值，提高公民的宪法意识，激发公民参政的积极性，使人们认识到宪法是保护自己权利的最有力的武器，从而形成良好的宪法文化"^③。

有学者认为，"机制、程序与措施能否真正有效运转，不仅仅

---

① 参见胡锦光、韩大元：《中国宪法》，法律出版社 2007 年版，第 36 页。
② 参见胡锦光、韩大元：《中国宪法》，法律出版社 2007 年版，第 76 页。
③ 韩大元：《建议将"法制宣传日"改为"宪法日"》，《法制资讯》2012 年第 Z1 期。

取决于国家机构维护宪法、遵守宪法的行为，更取决于宪法是否真正成为国家和社会深厚的精神文化。设立国家宪法日，正是一种通过特定的时间、场景和仪式来培育宪法精神土壤的重要制度设计"。那么，"以宪法为核心的中国特色社会主义法律体系，为中国三十多年的改革、发展、稳定提供了最基本的法治共识，这些宪法成就需要通过特定的仪式和场景让国民感受、体会，知晓宪法对于政治清明、经济发展、社会和谐、文化繁荣、生态文明提供的国家基本制度保障，从而增强人们对中国特色社会主义法治道路的信心，更好为全面深化改革和全面推进依法治国凝聚共识，提供宪法需要的权威和引领作用"[1]。

有学者认为，"宪法日是国家公权力的反思日。宪法是'限法'，即限制国家公权力之法。……通过宪法日的设立，各级各类国家机关系统学习宪法、深刻领会宪法的精神和原则，时刻反思权力行使的边界，我国才能真正建成社会主义法治国家"[2]。

（三）以宪法日为起点，开展常态化的宪法精神宣传教育

然而，对宪法精神不能仅仅停留于反思，更重要在践行；而对宪法精神的这种反思和践行，当然不能只在 12 月 4 日搞"一阵风运动"，必须持之以恒，方达到宪法日设定的原本宗旨。为此，张德江委员长提出："新形势新任务迫切要求我们加强宪法宣传教育，推动宪法宣传教育常态化、长效化，使宪法精神深入人心，以宪

---

① 王旭：《宪法凝聚共识——从设立国家宪法日谈起》，《求是》2014 年第 24 期。
② 任喜荣：《以宪法的名义纪念和庆祝》，《法制与社会发展》2015 年第 1 期。

精神凝心聚力。"①

宪法教育应包括哪些内容？笔者认为，其一，宪法具有最高的法律地位、法律权威和法律效力，一切法律法规不得与宪法相抵触，一切国家机关、团体和个人的行为不得违反宪法。要加强认识宪法所具有的法律属性尤其是宪法规范本身具有的制裁性。其二，宪法具有的中国特色，以及对中国特色社会主义法治道路的认同。党的领导是中国特色社会主义最本质的特征。把党的领导贯彻到依法治国全过程和各方面，是我国社会主义法治建设的一条基本经验。其三，人权文化教育尤其是生命权教育。教导全社会的人珍惜生命，关怀生命，尊重他人的权利和自由。其四，官员的法治思维教育。宪法教育重在培养国家工作人员的宪法意识和法治思维，提高依法办事的能力；"君子之德风"，国家工作人员养成法治思维后，对广大群众必然有一个很好的示范作用，也有助于培养广大群众运用法律手段维护自身权益的思维和习惯，防止采取法律以外的手段维权。

宪法教育应当注重什么方法？笔者认为，尊重宪法文本、回归宪法文本，培养以宪法文本为基础解释法规范、分析和解决问题的"规范思维"，十分重要。

（四）从国家宪法日到宪法宣誓：走向立体化的宪法仪式

正如前文有学者所言，设立国家宪法日，正是一种通过特定的

---

① 张德江：《深入开展宪法宣传教育　牢固树立宪法法律权威》，《求是》2014 年第24 期。

时间、场景和仪式来培育宪法精神土壤的重要制度设计。如果培养
宪法精神的仪式仅限于国家宪法日，一年才遇到这样的仪式，那
么，宪法与人们的距离似乎还是相当疏远，而且可能过于抽象化。
国家宪法日必须其他配套的制度——或曰配套的仪式，使得人们对
宪法精神的感觉更加直观和立体。

学习党的十八届四中全会《决定》会发现，其中有两项关于宪
法的举措，都是涉及观念层面的：一是设定"国家宪法日"；二是建
立宪法宣誓制度。两者可以说就是互相配套的制度。我们追问国家
宪法日的内涵时，应当同时注意到宪法宣誓制度与宪法日的互相促
进的精神作用。

宪法宣誓制度是指特定公职人员尤其是选举产生或者负有特殊
使命的公职人员就职时，进行宪法宣誓，宣布遵守宪法和效忠国家
的一种重要制度。特定公职人员就职前进行宪法宣誓，是其能够开
始依法履职的重要起点，是当今世界各国的普遍实践，已成为特定
公职人员依法履行职权的一道必不可少的前置程序。[①]

世界各国中，规定相关公职人员必须宣誓拥护或效忠宪法的有
177 个。依法要进行宪法宣誓的官员主要是总统、总理、首相、国
会议员、法官等，宣誓时间多为就职时。历史上，宪法宣誓制度
始于 1215 年英国国王约翰以宣誓的形式表示遵守具有英国宪法性
质的《大宪章》；而从成文宪法的角度看，第一个为宪法宣誓制度
提供文本根据的是 1787 年《美利坚合众国宪法》在第二条第一款，

---

① 参见支振锋：《宪法宣誓制度经验比较与完善措施》，《理论视野》2015 年第 6 期。

规定了总统就职前须宣誓捍卫宪法。

在我国近代以来的法制传统中，1912 年 1 月 1 日，孙中山就任临时大总统时，就曾庄严地宣读了总统誓词，开启民国政治宣誓之先河。1923 年《中华民国宪法》规定，总统就职时应进行宪法宣誓，誓词曰："余誓以至诚，遵守宪法。"南京国民政府在二十世纪三十年代初颁布了《宣誓条例》。1947 年《中华民国宪法》第四十八条对政治宣誓有明确规定："总统应于就职时宣誓，誓词如左：'余谨以至诚，向全国人民宣誓，余必遵守宪法，尽忠职务，增进人民福利，保卫国家，无负国民付托。如违誓言，愿受国家严厉之制裁。谨誓。'"

在我国现行宪法实施过程中，最突出的关于政治宣誓立法规定来自《香港特别行政区基本法》第一百零四条："香港特别行政区行政长官、主要官员、行政会议成员、立法会议员、各级法院法官和其他司法人员在就职时必须依法宣誓拥护中华人民共和国香港特别行政区基本法，效忠中华人民共和国香港特别行政区。"此外，我国社会上一直有建立宪法宣誓制度的呼吁，部分地方也有类似实践。河南省荥阳市人大 2003 年就举行过新任命人员宪法宣誓就职仪式，2009 年北京市海淀区人大常委会任命的国家机关工作人员开始举行就职宣誓，2012 年 12 月浙江省宁波市鄞州区法院组织新任法官手持宪法文本宣誓。①

党的十八届四中全会《决定》公布后，宪法宣誓制度在中央机

---

① 参见支振锋：《宪法宣誓制度经验比较与完善措施》，《理论视野》2015 年第 6 期。

关和各地日渐推广实施。据报道，2014 年 12 月，最高检举行宪法宣誓仪式，180 多名新任和新晋升人民检察官面对宪法庄严宣誓。最高检提出，全国检察机关要牢固树立宪法意识，进一步弘扬宪法精神、维护宪法权威、捍卫宪法尊严、保证宪法实施。[①]

四、为了加强宪法实施，全面推进依法治国

（一）依法治国与宪法实施

1．依法治国（法治）

依法治国原则，简称法治原则，其英文表述为 rule of law，即法律的统治。现代意义的"法治"兼具形式意义和实质意义。"法治"的形式意义是指以法而治（rule by law），以合法成立的法律为根据，要求国家遵守法律，要求官吏不得恣意妄为。而现代法治更为重要的是其实质意义。法治的实质意义是指将国家权力纳入法律的统治之下，以实现公民权利的保障为目的，防止国家权力的滥用。[②] 在这种意义之下，国家权力成为被法律所统治的对象，当然不可随意取舍是否以"法治"作为治国方略。进一步而言，法是全体人民的理性的体现。正因为法的背后是民意，现代法治是跟民主和人权保障等价值相结合的。

现代意义的法治的具体内容是什么？有学者认为，社会主义法

---

① 《大力弘扬宪法精神切实保障宪法实施》，《人民检察》2014 年第 23 期。

② 参见法治斌、董保城：《宪法新论》，（台湾）元照出版公司 2014 年版，第 46 页。

治的基本要求包括形式要求、制度要求、价值理念要求和公众观念要求。以法治的制度要求为例，又包括科学民主的立法制度、国家行政权力受约束和监督的法律机制、保障司法独立和公正的各项制度、保障公民权利和自由的制度体系、国家权力恰当配置的内部互相制约制度等。①

可见，法治的制度要求，跟前文所述"宪法精神"的民主、人权、限制权力互相契合，四者共同构成了宪法的精神和原则。

2. 宪法实施

宪法实施有直接和间接两种方式。宪法实施的间接方式是通过法律的制定将宪法的原则、宪法规范转化为法律规范适用于司法审判和行政管理过程中；宪法实施的直接方式，最重要的是违宪审查制度，即由特定国家机关依据特定的程序和方式对宪法行为是否符合宪法进行审查并作出处理的制度。② 可见，宪法的实施，是宪法的抽象规范和原则适用于具体法律事实的过程。在这个过程中，"宪法"的含义主要被作为一种法规范来理解，因此，宪法的实施尤其是宪法的直接实施，更多是法治原则的运行。宪法的直接实施构成依法治国系统中的一环，若宪法未得以直接实施，哪怕立法、依法行政和司法审判制度已相对完善，但依法治国仍不能说是得以全面推进的。

在我国，根据宪法和立法法的规定，违宪审查机关是全国人大

---

① 参见孙国华、朱景文主编：《法理学》，中国人民大学出版社 1995 年版，第 180—185 页。

② 参见胡锦光、韩大元：《中国宪法》，法律出版社 2007 年版，第 145 页。

常委会，违宪审查的对象是行政法规、地方性法规、自治条例和单行条例。在现行法中，关于全国人大常委会的违宪审查程序和方式的规定尚未完善，违宪制裁措施和后果的界定亦不清晰，实践中我国尚无正式启动的违宪审查案件。

由此表明，我国宪法实施的状况是，宪法的间接实施机制已经相对完善，但宪法的直接实施机制非常薄弱。有学者以宪法文本为基础，运用统计方法描述了我国宪法实施的现状：现行宪法并非完全没有得到实施，相反，其中大部分条款实际上已得到较好的实施，只有少部分条款有待于得到有效实施。根据笔者的一项研究，在中国的现行宪法中，具体而言，总共相当于32个条款（《宪法》序言第13自然段，加上另外31个条文），如以145个条款（《宪法》序言7个自然段加上《宪法》本文138条）作为分析基数，仅占宪法文本整体的22%左右。然而，如果进一步分析这种结构，就会发现其呈现出一种有规则的倾斜性。具体而言，在中国的现行宪法文本中，有关国家总体秩序纲领（第一章总纲部分）、国家组织规范（第三章国家机构部分）以及公民基本义务条款，一般均能得到相对较好的实施，而基本权利保障条款、国家权力机关职权条款、司法机关职权独立性条款等，则往往属于"有待得到有效实施的宪法条款"。① 从违宪审查的内涵以及欧美各国违宪审查实践来看，恰恰是基本权利保障条款、国家权力机关职权条款等内容最需要宪法的直接实施予以保障。

---

① 林来梵：《中国有待培育宪法文化》，《中国法律》2015年第1期。

（二）宪法日的设立与宪法实施的关系

2004 年在纪念全国人民代表大会成立 50 周年大会上，胡锦涛同志指出："依法治国首先要依宪治国，依法执政首先要依宪执政。"可见，党和国家领导人是重视宪法实施问题的。关键是制度上如何推进落实。

有学者对此的判断是：中国宪法实施的这种现状，在短时期内要得到改变还存在很大困难。因为从根本上说，它还有待于在较大程度上改变人们对于宪法的现有观念。而"国家宪法日"和宪法宣誓制度，均是有助于实现这种观念改变的重要抓手。[①] 诚然，关于如何行政，学者们已提出不少主张，例如，莫纪宏教授认为，抓紧研究宪法解释程序机制，特别是要尽快设计出全国人大常委会解释宪法的程序，制定出切实可行的宪法解释程序法，对宪法解释的申请、受理、审议、决定的主体和程序作出规定，完善全国人大常委会解释宪法的具体制度。[②] 如果说，这些制度是宪法直接实施的骨骼肌肉，那么，宪法观念的改变，宪法精神的普及，则是宪法直接实施的灵魂。宪法日是公民基本权利清单的展现日，宪法为多元利益和价值的社会凝聚共识，归根结底取决于它对每一个公民权利的有效保障和对违宪行为的坚决纠正。国家宪法日的设立，为我们提供了一个契机，也就是为学术界和实务界的有为之士提供了推动制度改革的旗帜，号召和推动重塑宪法的权威，并在此基础上，进一

---

① 参见林来梵：《中国有待培育宪法文化》，《中国法律》2015 年第 1 期。
② 参见梁国栋：《设立国家宪法日，重塑宪法权威》，《中国人大》2015 年第 3 期。

步健全宪法实施和监督机制。

"千里之行，始于足下"，国家宪法日可能只是每年推动宪法实施的艰苦过程的起步。有论者的表述是恰当的："为了保证宪法的实施，需要借助一些专门的形式，以此来营造良好的社会氛围。但更需要日复一日的坚守，年复一年的努力。有时甚至需要进行艰苦的权法博弈。"①

五、为了适应国际惯例，扩大中国宪法的国际影响

设立专门的宪法日或者纪念日是各国的通行做法。一些国家设有固定的宪法节，还有许多国家把自己国家通过、颁布或实施宪法的那一天确定为"宪法日"或"宪法纪念日"，也有一些国家将这一天定为"国民的节日""全民的节日"，或作为法定休假日。

据有的学者整理归纳，世界上不同国家设立宪法日的原因与内容是不同的，大体有三种类型：一种是庆祝立宪建国。例如美国的宪法日定在美国宪法正式签署之日（1789 年）9 月 17 日，主要是为了纪念联邦国家的建构；一种是纪念政体转型。例如丹麦的宪法日主要是纪念 1849 年君主立宪活动，标志着专制政体的结束；一种是庆祝民族独立。例如挪威的宪法日就选定在脱离瑞典所属的盟国、取得独立的那一天——5 月 17 日。②

---

① 汪铁民：《国家宪法日过后的思考》，《中国人大》2014 年第 24 期。
② 参见王旭：《宪法凝聚共识——从设立国家宪法日谈起》，《求是》2014 年第 24 期。

各国的宪法日，从报道来看，非常丰富多彩。有的国家会在这天举行庄严的典礼，例如美国每年 9 月 17 日，联邦机构有责任为雇员提供有关宪法的教育和训练材料。接受联邦拨款的教育机构也必须举行有关美国宪法的教育项目。新公民的入籍仪式也会选择在这个特殊的日子进行。在重要的周年纪念日，美国总统还会发表讲话。有的国家除了政治活动外，还把这天作为一个节日来庆祝，通过各种轻松的活动让人们感到宪法的贴近生活、"道不远人"。例如，12 月 12 日是俄罗斯的宪法日。2005 年起，宪法日成为休息日。这一天，俄罗斯一般会组织多种多样的庆祝活动，从总统演讲到群众游行，甚至是选美活动都可能进行。2008 年，为纪念俄罗斯联邦宪法通过 15 周年，俄罗斯举行"宪法小姐"选举活动。挪威宪法日也是挪威的国庆日，为每年一度的官方假期。在这个盛大的节日里，成千上万的人穿着民族服装，欢度佳节。①

基于国际通行做法，我国设立国家宪法日，"有助于在国际社会树立尊重宪法的良好形象，扩大宪法的国际影响。从世界范围看，把本国通过、颁布或者实施宪法的那一天确定为'宪法日'，是国际上的通行做法，旨在提高公民对宪法的关注度和认知度，增强全社会的宪法意识和国家观念"②。

---

① 　参见宗禾：《世界各国如何庆祝宪法日》，《检察日报》2014 年 12 月 4 日。

② 　韩大元：《建议将"法制宣传日"改为"宪法日"》，《法制资讯》2012 年第 Z1 期。

为什么法律的权威源自人民的
内心拥护和真诚信仰？

高秦伟　谢寄博 *

中国共产党第十八届四中全会《决定》指出："法律的权威源自人民的内心拥护和真诚信仰。人民权益要靠法律保障，法律权威要靠人民维护。"这是经历多年法治建设后，大多数人形成的共识。根据中国共产党十八届四中全会《决定》的精神，如何树立法律的权威？在树立法律权威过程中遇到了哪些困难，以及这些困难如何解决？如何才能让人民的内心真正地拥护和信仰法律，也就是说，只有解决了在树立法律权威过程中遇到的困难，才能使得法律成为人民内心的拥护和真诚的信仰。这就意味着，为树立法律权威所遇到的问题找到相应的出路就是接下来的工作重点。

---

* 高秦伟，中央财经大学法学院教授、博士生导师；谢寄博，中国政法大学法学院 2014 级博士研究生，主要研究方向：行政法学。

一、树立法律权威的必要性

上文揭示了法律权威和法律信仰困境的多重原因，国家的治理过于依赖法律背后的人的权威，法律本身的价值未被确立，法律未能获得真正的权威。因此，推进法治建设，最关键的问题就是真正树立法律的权威。

树立法律权威不仅是从历史中得出的经验和教训，而且是社会主义民主法治建设的需要，是国家治理能力和治理体系现代化建设的需要。① 现代国家对于社会和法律的治理无不以法律为核心，法治的手段是世界各国普遍通行的方法，法治的理念已经成为世界各国普遍认同的价值观念，因此中国要转型为完全意义上的现代国家，实现社会主义的民主法治，提升国家的治理能力和党的执政能力，树立法律权威就成为关键的一环。

（一）树立法律权威是发展社会主义民主的需要

没有民主就没有社会主义，没有社会主义的现代化。我国是人民民主专政的社会主义国家，民主是专政的基础，专政是民主的保障，在社会主义现代化建设的今天，社会的基本矛盾已经成为生产力和生产关系、经济基础和上层建筑这样的非对抗性矛盾，法治就成为保障人民当家作主最有效、最基本的方式，没有社会主义的法

---

① 参见周叶中：《论邓小平关于树立社会主义法律权威的思想》，《毛泽东邓小平理论研究》1998 年第 1 期。

治建设，保障社会主义民主就是一句空话，因此，树立法律权威是发展社会主义民主的需要。

（二）树立法律权威是实现党和国家工作重点转移的需要

党的十一届三中全会将党的工作重心转移到经济建设上来，中共十四大提出了建设社会主义市场经济体制的方针，党的十八届三中全会又提出要让市场在资源配置中起决定性作用的理念，党的十八届四中全会又提出市场经济的实质是法治经济的论断。从党的历次重要会议所作出的决定来看，党的政策是一脉相承并且是不断发展的。党的政策决定的国家治理的多重但清晰的目标，即要保障社会的发展和长治久安，保障中国经济的持续健康发展，保障人民生活水平的不断提高，等等。至于如何实现治理的目标，党的历次决策也很清晰。这就是中国共产党十五大报告明确提出的"依法治国"。依法治国是党治国理政的基本方略。因此，法治建设，尤其是树立法律权威是党和国家工作重点转移的需要。

（三）树立法律权威是维护社会秩序的需要

在社会主义现代化建设的过程中，必须要维护社会秩序的稳定。中国共产党第十八届四中全《决定》指出"没有一个安定团结的政治局面，就不能安下心来搞建设"。安定团结的政治局面不但是社会主义现代化建设的基本保障，而且是全国人民共同的心愿，如何维护社会秩序的稳定和政治局面的安定团结，树立法律权威，实行社会主义法治是根本的途径，因此，在法治建设过程中，党提出了"有法可依、有法必依、执法必严、违法必究"的十六字方针，随着经济的发展和社会的进步，党在十八届四中全会上又提出了"科学立法、严格执法、公正司法、全民守法"的新的十六字方针，这体现了中国法治建设的发展和进步，也给中国的法治建设指明了方向，同时为中国维护社会秩序的稳定、巩固安定团结的政治局面从立法、执法、司法和守法上提出了要求和方法。因此树立法律权威是维护社会秩序稳定，巩固安定团结的政治局面的客观需要。

（四）树立法律权威是保障人民合法权益的需要

中国共产党第十八届四中全会《决定》提出："人民是依法治国的主体和力量源泉。必须坚持法治建设为了人民、依靠人民、造福人民、保护人民，以保障人民根本权益为出发点和落脚点，保证人民依法享有广泛的权利和自由、承担应尽的义务，维护社会公平正义，促进共同富裕。""必须使人民意识到法律既是保障自身权利的有力武器，也是必须遵守的行为规范。"从《决定》中可以得出的结论是，建设法治的目的是造福人民、保护人民和保障人民的根本权益。这与我国的国家性质和党的宗旨是具有高度一致性的。我们党最大的政治优势就是密切联系群众，相反，最大的政治风险就是脱离群众，这证明了党和人民群众的鱼水关系。社会主义现代化建设的目的就是实现国家富强、人民富裕，就是为了保证人民当家作主的地位，就是为了全面建成小康社会，实现共同富裕。其实质就是要保障人民合法权益。只有保障人民的合法权益，才能真正得到人民的拥护，只有保障人民的合法权益，才能使人民相信法律、相信政府，才能树立法律权威，只有保障人民的合法权益，才能使得社会主义的法治建设取得其应有的成果。因此，保障人民的合法权益是树立法律权威的客观需要。

但是，在法律信仰和法律权威的问题上，仍存在以下认识误区，妨碍着法律权威的树立和法律信仰的形成。

第一，将法律视为人治的工具。中国两千多年的封建传统社会留给我们的遗产是：将希望寄托在英雄人物的身上，希望他能够给我们带来福祉。这是人治的思想，而并非法治的思维。人治的思维崇拜权力，认为法律是统治的工具，法治就是"用法律来治你"。正因如此，有权威的只能是人，不会是法律。人们甚至会抵制法律，蔑视法律，更加不可能对法律产生信仰。

第二，将实在法的不足以及执法者、司法者的不当行为视为法治本身的缺陷。我国进入近代意义上的法治的时间尚短，民众尚不清楚法治究竟为何物，遑论法律信仰。在中国的民众心中，能够信仰的只有神明和祖先，突然要谈起对法律的信仰，民众心中一时难以接受也是有的。在实践中，谈论起法律或法治，民众看到的或者是并不完善，并且不断变革的实在法，或者是作为法律化身的执法者和司法者，并且他们违法乱纪，司法者枉法裁判之事屡有发生。如果将实在法本身当作法治之经义，将实践中的问题视为法治本身的缺陷，民众对于法治的态度自然是抵触情绪多于尊敬之心。

这两点大致地概括了中国社会迟迟难以树立法律权威，形成法律信仰困境的历史和现实原因。下文将深究这些原因，并且需求问题的出路。

二、法律权威与法律信仰的中国困境

党的十八届四中全会提出要实现国家治理体系和治理能力的现代化。什么才是治理体系和治理能力的现代化？最核心的要求就是实现法治。

实现法治的必要途径是培养公民对于法律的信仰。众所周知，现代法治与中国古典的传统法制有着根本性的冲突，这种冲突的实质是价值和文化上的冲突，要实现现代意义上的法治，就必须培育国民的现代公民意识，培养公民对于法律的信仰。只有这样，中国才能实现国家治理体系和治理能力的现代化。

在中国，从古至今，即便是在法治建设如火如荼的今天，有法不依、法律规避的现象仍然是屡禁不绝。中国的关系案、人情案也似乎比西方更为严重；中国人更多地关心的不是法律如何规定，而是社会认同感，至少是生活圈子里的认同感。这些现象的发生使得法律人不得不时时反思，在中国推行法治是不是错了？或者说推行西方式的法治是否正确？或者说西方式的法治在中国是不是因为水土不服而出现了"橘生淮北"的现象？这些现象归根到底在于一个"信"字，法未能取"信"于国人。正如伯尔曼在《法律与宗教》中所说，"法律必须被信仰，否则它将形同虚设"。[①] 这似乎给中国法治建设中的问题找到了出路，但事实远非如此简单。

---

① [美]伯尔曼：《法律与宗教》，梁治平译，中国政法大学出版社 2003 年版，第 3 页。

（一）困境形成的原因之一——治理的传统

法律人在引进西方的法律元素和法律理念的过程中，如果忽视了中国元素和中国的传统，忽略了中国人对于法的理解，将这些法律元素和法律理念照搬到中国，势必会造成水土不服。正是由于中国法律传统与西方法律传统形成过程的不同，使得在西方法治思想传入中国以后屡屡受挫。

首先，中国传统社会统治的权威来自人伦，而不是超验的秩序，缺乏形成法律信仰的基础。

中国古代的礼法结合看似与西方的自然法① 如出一辙，其实不然。自然法的本质是正义论，体现的是西方人正当性的观念形态，而中国的礼则是围绕着家族伦理关系的规则体系。②

考察东西方法律发展的历史，可以发现两者的差别如何发生。在早期蒙昧的时代，人类迫于自然的压力，同时也是为了维护人类所生存的部落的基本秩序，开始相信神祇的保佑并将其化之于图腾。事实上，图腾只是人们心中的一个信念，真正约束早期人类生活的是原始的生活习惯。这可算是一种对法律的信仰，这种信仰的实质在于原始的习惯法。这种信仰的特点在于：它建立在对部落图腾的强烈而深沉的信念之上。没有图腾，习惯也仅仅是一种习惯而

---

① 伯尔曼所言的被信仰的"法律"并不是指确切的实在法，而是有着深厚价值基础的自然法。

② 参见王彬：《法律信仰的中国式难题——兼与沈永胜同志商榷》，《内蒙古社会科学（汉文版）》2007 年第 3 期。

已。后来，人类开始迈入了文明时代的门槛，但是，人类依然很难摆脱来自于人类之外的压力。正因如此，宗教也就应运而生了。在此基础上，诸多的教会法以上帝或者天神的名义成为人类的行为准则，无论是中世纪以前的西方还是中国，都无一例外。

从历史的下一阶段开始，中西方出现了分化。西方世界随着工业革命的开展和科学技术的进步，开始把人从神的看护下解放出来，经历了宗教改革和文艺复兴之后，人的理性被充分释放出来，人开始成为独立的主体，自然主体也意识到自身的独立性和价值——而此处的人是指每一个个体。① 与之相反的是，在中国，也许是由于地缘政治和经济社会条件的差异，人没有发展为单独的个体，而是一直作为以血缘为基本联系的家族成员出现。

由于东西方基本社会单元的差异，也就造成了在法律信仰问题上的差异。西方国家统治的合法性源自于外在于个人的权威性，而不是基于人身关系的伦理优势。这就意味着西方世界的现实统治秩序要以终极的权威作为参照，人们从历史上对终极权威的崇信中衍生出对世俗权威（法律）的崇信，慢慢地也就形成了对于人间律法的信仰。而在中国的传统社会里，本来就不存在终极权威。皇帝虽然假天之名以驭万民，但其实质是整个中国最大的家族长。因为中国社会的治理结构就是家天下的治理模式。这种治理模式下，人不需要从神那里找归属感和认同感，不需要这种超验的终极权威，最多也就是从祖先神那里寻得一丝慰藉。但是，无论从社会的治理还

---

① 参见谢晖：《法律信仰：历史、对象及主观条件》，《学习与探索》1996年第2期。

是个人生活来看，权威还是十分必要的。这个权威的现实表现就是于家尊父，于国崇君。这种权威的正当性源自于家族伦理，也就是前文所述的"社会认同感"。

信仰是对于超验价值的追求。因此，没有终极权威，也就谈不上信仰。在中国，人们对于社会上权威的信服要么仅仅产生于伦理道德的约束，要么产生于强权的压迫——这种强权也是基于伦理的优势。因此，在古代中国，法律的权威根本不依赖信仰，也存在对法律的信仰。

在这一判断的基础上，再进行更细致的对比，可以发现：西方法治所追求的价值，无论是天赋人权还是自然正义，都是源自于终极权威的。西方在社会体系的建构中总会将终极关怀纳入进去，即使像法国那样轰轰烈烈的大革命仍然没有遗弃终极权威的价值，而最终将《人权宣言》作为其宪法的开篇。而中国却并非如此，中国传统社会中，即使民众追求公正、正义和真相，也并不意味着对于终极价值或者是终极权威的追求。民众之所以百折不挠地"告状"、"上访"，更多的是利益上的纠纷或者名节上的追求——因为名节和利益是家族伦理社会最大的资本。所以才有司马迁《史记·货殖列传》中"天下熙熙，皆为利来；天下攘攘，皆为利往"的千古名句，传统中国社会总是讲名利。名利、名利，名在利前。

其次，即便是现代的中国社会，由于传统的深刻影响，权威依然容易异化为个人权威。

自新中国成立以来，尤其是改革开放以来，原有的社会单元被打破，人们开始以单个个体的身份，最多是以家庭的身份出现在社会中，而并非以家族的身份出现在社会中。传统的家族伦理也因人身依附关系的瓦解而荡然无存，代之以单个个体的道德准则来约束人们的行为。社会情况的变化使人们认识到法律的作用，使人们认识到法治的重要性。但是，人们在意识到法律和法治的重要性的时候，可能会出现的一种情况就是权威的异化。[①] 权威的异化是指对所有权威的服从最终都异化为对个人权威的迷信。这主要还是受到中国传统文化的影响。

中国传统文化中不存在对超越某个人的终极权威和终极关怀的信仰，只存在对于现实权威的服从，倾向于将现实中个人的权威视为最高权威。这种对个人最高权威的迷信就是权威异化的罪魁祸首。其典型例子是信访的泛滥。直到如今，人们依然对"青天大老爷"报有殷殷的期望，而对法律并没有多高的信任和期待。当"青天人老爷"维护了人民的权益，取信于民的，也依然是人而不是法。这不但不利于培养对于法律的信仰，而且会损伤法律和法治的权威，最终也无法培育现代公民意识，而难以实现国家治理体系和治理能力的现代化。

（二）困境形成的原因之二——法制的特征

如前所述，中国社会治理的传统崇尚人之权威多于法之权威，这些传统直到今天仍阻碍着法律信仰的生成。这是法律信仰困境的

---

① 参见王彬：《法律信仰的中国式难题——兼与沈永胜同志商榷》，《内蒙古社会科学（汉文版）》2007 年第 3 期。

最主要原因，除此之外，中国的法制在古代和现代所具有的一些特征也使得法律信仰难以产生。

第一，中国古代法律以刑为主，难以产生信仰。信仰本身是精神世界的领地，仅仅依靠外力是不能达到的。缺乏正义性的法律只会遭到被压迫者的反抗。法律本身的公平，符合人们心中的道德标准是受到信仰的先决条件。而中国古代的法律既是刑又是法，几乎不作任何区分，这种以刑为主的法律向人们展示的是一整套的残暴的统治工具，而并非终极的人文关怀。以人身迫害为内容的法律，当然不会有人去信仰，而只能让人畏惧。这种"以刑为主"的状况与"刑起于兵"的法律理念有直接的关系。中国古代的法律主要源自于对异族人和暴虐者的制裁，这也就意味着中国古代早期的法律与战争是密不可分的，基本上都是兵刑合一的状态。在由战争的胜利者建立的国家中，延续了这种治理模式——即使在对内的统治过程中，依靠的仍是家长式的强制统治，并在此基础上形成了中国的法律体系。西方社会却完全不同。西方国家法律的形成是一个平民与贵族不断斗争和相互妥协的过程，虽然这种相互妥协和个人权利的解放，并不能从根本上达到真正的民主。但是即使这样，也比古代中国专门维护专制统治的法律显得民主得多，同时也具备了为人们所信仰的条件。

第二，中国传统法律制度以公法为主，主要的作用在于维护国家统治体系；而西方法律制度则是以私法为主，主要通过私权的竞争来解决平等主体之间的纠纷，以私人权利为基础来构建一整套的法律体系。虽然在中国法律体系中不乏民事、婚姻和家庭等相关私法的规定，也有交易、土地和合同等民商事纠纷解决的规定，但是这些纠纷的解决方法主要是依靠刑事手段，即便是行政诉讼（民告官），也主要依靠刑事手段来解决。而西方法律文化作为一种传统的私法文明，其解决民商事纠纷主要依靠平等主体之间权利的竞争，公权力介入主要不是以刑的方式，而主要起到的是定分止争的作用。这种对于民商事纠纷处理方式的不同，就会造成不同的法律观念。西方法律体系就会以私权和私权的保护为主，中国法律体系则凸显权力。从文化层面上讲，西方法律体系所提倡的法律文化具有民主和平等的色彩；而中国恰恰相反，强调的是国家等级制度和国家权力的严肃性。

第三，中国近代以来的法制建设过多地强调了法律作为统治工具的功能，这不利于法律权威的树立和法律信仰的生成。将法律视为统治工具，就很容易发生以权压法、以权代法，甚至是践踏、抛弃法律的情形。当法律不能保护人们的权益，人们自然不可能信仰法律。当然，将法律视为统治工具，还有另一种情形，即可能是出于好的目的，以服务人民为名，任意的超越法律的规定。此时，特定的人或团体会获得利益，法律的权威依然会受损。

总之，一个国家法律制度的表现形式，包括制定法和执行法律的行为等，是人们认识法治的直观对象，人们不可能离开这些对象去信仰抽象的法律或者其他国家的法律制度。中国法律制度的上述特征，妨碍了法律权威和法律信仰的生成。

三、问题的出路

通过前文的分析，我们了解到，由于中国传统统治制度和法律制度的影响，中国人缺少法律信仰的基础，真正的法律权威是缺失的。

现在，法治的理念已经成为世界各国普遍认同的价值观念，是评价某一国家是否是现代国家的基本性标准。中国要深化改革开放，推动国家治理体系和治理能力的现代化；党要从根本上转变治国理政的方式，提高执政能力和执政水平，都必须要依法治国，培育公民的法律信仰，树立社会主义的法律权威。关键在于，如何推进依法治国？这一问题的核心是如何有效地培养公民的法律信仰，树立社会主义的法律权威。

近代以来，我们不断向西方学习，从技术到制度，但这似乎并没有从根本上解决中国的问题。从历史中应该得出的教训是：中国在引进西方法律技术和法律文化的时候，绝对不能忽视中国的传统和中国的现实。只有将西方的法治理念和中国的国情相结合，以中国的现实为基点，从中国的传统中找寻方法，才能为中国现实问题的解决找到出路。

（一）法律权威的内在依据和外在依据

突破法律权威和法律信仰困境的关键在于真实树立法律的权威，这有赖于探寻法律权威的内在依据和外在依据。

1. 内在依据

一般来讲，法律权威的内在依据是指法律权威得以形成的"伦理性"依据，即法律的正当性。

正如党的十八届四中全会《决定》所言——"因良法而善治"。法律的实质性良善是实现现代法治的根本。从价值的角度讲，法律的正当性与良法善治是一致的。

第一，法律必须呵护人性和实质正义。法律具备了这种特质，才能有利于法律价值在个体中的内化，成为每一个个体自愿服从的基础，才能使社会成员形成对法律的普遍认同。进而在全社会形成法律信仰。

第二，法律必须具有合理性，能够有效实施。法律具有合理性包含以下要求：法律的普遍性、法律规范的体系化、实施法律的程序化、具备能够有效阐释正义的法律方法、具备受到理性控制的司法理念与制度等。法律的合理性使得法律既是一套可以计量的标准，也是一种富于弹性的抽象原则，既不空泛，也不僵化，法律的合理性使得法律的权威能够得以维持，不被任意破坏。缺少上述任何一个方面，法律都很难获得完整意义上的法律权威。①

法律的合理性体现了法律运行的客观规律。因此，可以将上述两个要求简化为：合价值性和合规律性。法律只有做到合价值性与合规律性和的统一，才能产生权威性。这些都是法律权威的内在依据。

---

① 参见许娟：《论法律权威的形成根据》，《湖北社会科学》2006 年第 2 期。

2. 外在依据

要树立法律权威，仅有内在依据是不够的，还需要有外在的依据。一般而言，外在的依据主要包括一定的社会经济条件和外在的国家强制力。马克思将社会看成一对主要矛盾的运动，这对主要矛盾就是经济基础和上层建筑，法律无疑属于上层建筑的范畴。马克思认为，任何上层建筑都是一定经济基础的反映，法律当然也不例外，是一定社会条件下经济关系的反映。也就是说，法律权威归根结底是社会生活的客观需要，取决于经济关系在社会生活中的牢固确立和广泛辐射，没有经济的发展和社会的进步，也就不会形成经济关系的主导地位，当然也就不能确立法律的权威。因此，自改革开放三十多年来，党和国家工作的重心一直都是促进经济的发展。只有大力提高生产力，发展经济，奠定经济关系在社会中的主导地位，才能为法律权威的形成奠定坚实的物质基础。也只有当经济发展和法治建设形成良性互动的时候，法律和其他的制度因素才能相互作用，从而体现出法律的权威性。法律权威性的另一个外在依据是国家强制力的存在。"徒法不足以自行"，法律本身的实施必须依赖强制力，这是人性和制度本身的特性使然，人心也许本无所谓善恶，但无论有心还是无心，都会出现利益上的交叉和冲突，当出现这种利益上的交叉和冲突的时候，就需要法律定分止争。为了保证法律的行之有效，国家强制力就成了必要的条件。除此之外，在马克斯·韦伯所论述的法理型权威中，借助国家强制力达到平衡利益冲突和维持社会秩序的目的，也体现了国家强制力对于改善法律权威的重要性。

（二）法律运行中的信仰和权威

上述关于法律权威的内在和外在的依据只是静态的，只有将这种内在和外在的依据体现在具体的法律运行过程中。即通过法的运行，将法律权威的依据变成实践，得到人们的真切认同，进而变成人们对于法律的信仰，法的权威和法的信仰才能形成良性的互动。

1. 立法方面

党的十八届四中全会要求深入推进科学立法和民主立法。加强对立法工作的组织协调，健全立法起草、论证、协调和审议的机制，健全向下级人大征询立法意见的机制，建立基层立法联系点制度，更多发挥人大代表参与起草和修改法律的作用。完善立法项目征集和论证制度。健全立法机关主导、社会各方参与的途径和方式。健全立法机关和社会公众的沟通机制，开展立法协商，充分发挥社会各方在立法协商中的作用，探索建立国家、社会、专家等对立法中涉及的重大利益调整论证咨询机制。拓宽公民有序参与立法的途径，形成立法共识。

上述要求的两个关键词是"科学"与"民主"。所谓科学，根据上述所述，就是要求在立法工作过程中，所立的法律要体现人性和实质正义等基本价值，并具有合理性，符合客观规律。所谓民主，就要求在立法过程中要注重人民作为权利主体的因素，所立的法律只有体现人民的利益，为保障人民的利益而立的法律才会真正得到人民的拥护。

这说明在立法工作过程中，既要尊重规律性，又要注重价值性，只有如此，所立之法才是良法，才能为善治奠定坚实的基础，才能让人民对法律信服，才能树立起法律权威。

2. 执法方面

党的十八届四中全会中对于执法方面的基本要求是依法行政、严格执法。主要内容是：依法全面履行政府职能，健全依法决策机制，深化行政执法体制改革，坚持严格规范公正文明执法，强化对行政权力的制约和监督，全面推进政务公开。

维护法律权威，培养法律信仰，必须树立执法部门的公信力。这一点对于中国尤其重要。中国自古"以法为教，以吏为师"，这种传统在中国当下仍然根深蒂固。要解决中国的问题，就要尊重中国的这一传统。从这一角度进行分析，很容易就能发现，解决中国的法治难题，执法是最好的突破点。

在中国，执法部门只有严格、公正、文明执法才能令人信服，才能树立起法律的权威。严格地依法履行职责，做到不越权不越位，但是也不能缺位。严格执法应当是中心环节，执法部门应当积极地推动执法理念和执法方式的转变，不断完善行政执法的机制，确保执法公正。在此基础上，不断完善行政执法的体制和机制，明晰行政执法机关的权责边界，从源头上避免交叉执法和区别执法，不断提高政府的管理水平和管理能力，为国家治理体系和治理能力的现代化奠定坚实的基础。

3. 司法方面

公正是司法的生命线，司法也是公正最后的防线。正如西方一位哲人所说："一次不公正的判决比多次不公正的举动为祸尤烈，因为这些不公正的举动不过是弄脏了水流，而不公正的判决则是把水源败坏了"。① 公平正义是衡量法治实现程度的重要标尺，公正司法，实现社会公平正义是司法体制改革的真正目标，司法如果能最大限度地保障公民的合法权益，能在此基础上尽力地实现人民群众的安宁与幸福，必然会最大程度上增强人民对于法律的信任，必然会最大程度上树立起人民对法律的信仰，必然会树立起法律的权威。

4. 公民守法和法律意识的培养

法治的建设除了制度基础之外，还需要思维方式和价值观念的转变。在前文指出的法律权威的内在依据中，通过国家的努力促进良法的生成和成效固然十分重要，但也离不开公民与国家的互动。具体来说，尤其需要公民的守法意识维护法律的形式合理性和形式权威，需要公民的权利意识维护法律的实质正当性、合理性与实质权威。

多年来，我国的普法教育取得了不小的成果。但是，和法治社会的要求相比还是相距甚远，封建专制、人治和传统的权力观念依然根深蒂固，这就需要更加努力地去营造法治的氛围，推进法治文化的建设，使公民逐渐习惯于法治的思维，习惯于用法律的工具去化解社会矛盾，用法律的工具去促进法律的完善。

---

① ［英］培根:《培根论说文集》，曹明伦译，商务印书馆 1983 年版，第 193 页。

四、结语：在路上

经历了三十多年的改革开放，经济基础已经相对稳固，法治建设的号角也已经吹响，法治建设的巨轮也已经扬帆起航，法律信仰和法律权威就像法治这艘巨轮上两只巨大的桨，势必推动着法治的巨轮乘风破浪。既已起航，就能实现梦想，既已起航，我们就已经在路上……

为什么公正是司法的"生命线"？

栗　峥[*]

一、公正的内涵

自古以来，人类对公正的追求就未停止过。虽然正义有着一张普洛透斯般多变的脸，但是我们还是可以理解一国司法一旦离开了公正这条生命线，必将走向毁灭。人类文明史是一部追求司法公正的历史。在一定意义上，公正乃是司法的必然基因。

公正理念强调善与德。"从概念的形成史上看，公正概念最初是作为伦理学和价值观概念而形成的，并且自古希腊到近代资产阶级革命之前，它基本上是一个伦理学和价值观概念"。[①]"仅仅培

---

* 　栗峥：中国政法大学教授。

① 　景天魁等：《社会公正理论与政策》，社会科学文献出版社 2004 年版，第 8 页。

养一种公正待人和关心他人的精神态度，其本身并不足以使正义处于支配地位。推行正义的善意，还必须通过旨在实现正义社会的目标的实际措施和制度性手段来加以实施"。① 在对公正的理解这一点上，美国法学家罗斯科·庞德早已指出："在伦理上，我们可以把它（正义）看成是一种个人美德或是对人类的需要或者要求的一种合理、公平的满足。在经济和政治上，我们可以把社会正义说成是一种与社会理想相符合，是以保证人们的利益与愿望的制度。在法学上我们所讲的执行正义（执行法律）是指在政治上有组织的社会中，通过这一社会的法院来调整人与人之间的关系及安排人们的行为；现代法哲学的著作家们也一直把它解释为人与人之间的理想关系。"② 我国学者也认为："人们之所以就公平（公正）问题展开争论，有一个很重要的原因，就是因为公平是一个多级概念，这是我们讨论公平问题的前提和基础。如果我们在不同的背景和层次上对公平问题进行争辩，也就是说讨论者在不同的背景和层次上使用公平概念，并对同一现象发表公平抑或不公平的看法，这不仅无助于研究的深化，反而会使问题变得复杂甚至混乱。"③ 对公正的分层理解，有助于把握公正这一复杂概念的真正内涵，也避免了在不同的层次上对公正问题进行混淆的讨论。

阿奎那曾深刻地将公正划分为交换公正和赏罚公正："有两种

---

① ［美］博登海默：《法理学：法律哲学与法律方法》，邓正来译，中国政法大学出版社 1999 年版，第 265 页。

② ［美］罗斯科·庞德：《通过法律的社会控制：法律的任务》，沈宗灵、董世忠译，商务印书馆 1984 年版，第 73 页。

③ 夏文斌：《公平、效率与当代社会发展》，北京大学出版社 2006 年版，第 42 页。

秩序应当考虑：一种是部分对部分的秩序，同样也是一个私人对另一私人的秩序，这就是公平由交换所规定的秩序，这种公平对象是调整指定的人们之间的相互关系。其次，应该是整体与部分之间所存在的秩序，也就是在团体和组成这种团体的不同人们之间所有的秩序。这种秩序是由赏罚的公平来调整的，这种赏罚的公平是以按照某一种比率来分配共同福利为对象的。因此，公平实际上有两类：交换的公平和赏罚的公平。"[1] 显然，阿奎那所谓的交换公平，实际上就是行为者个人的公正，而所谓赏罚公平，也就是行为者为社会的公正。因此前者实为个人公正，后者实为社会公正。而个人公正的根本问题是个人行使权利与履行义务，社会公正的根本问题是社会对个人的权利与义务的分配。[2] 除了分配正义之外，社会正义还应包括校正正义，因此，公正本身也有一个不断实践的过程。

司法应当体现出公正，并且应当追求公正。"任何一个时代，司法都必须相对地体现公平、公正，才能维持社会的持续发展。公平、公正作为司法存在的基本价值，已经为人们周知。出现不公平、不公正的司法，不仅是老百姓遭殃，导致其对立甚至反抗，而且也危及统治者的统治。"[3] 西方法谚就充分说明了公正与司法的密切关系，"判决是善良之人根据正义所作的裁断"，"司法审判权是

---

[1] 狄骥：《宪法论》，商务印书馆 1959 年版，第 90 页。

[2] 参见王海明：《新伦理学》，商务印书馆 2001 年版，第 312 页。

[3] 张培田、张华：《近现代中国审判检察制度的演变》，中国政法大学出版社 2004 年版，第 3 页。

为了公共利益和实现正义的需要"。①

就通过司法方式实现正义的效果来看，"至少在发达的法治国家里，司法正义制度是严肃的、诚实的，而且对于提供一种保证公平对待个人的制度，基本上是一个合理的、成功的尝试"。② 在纳粹统治时期，"法官的工作不受武断的判决或形式主义的、抽象的法律稳定原则所囿，而是应找到在法律中得以表达的、并由元首来代表的人民法律观的明确原则及其限制"，"一名法官应以一种健康的偏见来处理案件，作出符合纳粹法律秩序与政治领导层意志的价值判断"。③ 在这样的刑事司法状况下，穆勒认为，"审判的目的与其说是确定被告是否违反了法律，毋宁说是确定'违法者是否还属于社会之一员'；刑事审判成为'评价人性、区分善恶归属'之所"④。因此，就公正对于司法的要求而言，最佳的环境首先是在法治社会中。

在我国的辞书里，司法公正是一个比较现代的概念。据我国学者的考察，二十世纪九十年代之前的辞书中并无这样的一个多词素性的组合概念。随着改革开放的深入，我国的法制建设的不断发展与完善，人们法律意识的增强，司法公正才成了一个受人们关注的时代性新概念。⑤ 人们常说，公正是司法的生命线，这实际上体现

---

① 孙笑侠编译：《西方法谚精选》，法律出版社 2005 年版，第 70、73 页。

② [美] 沃克：《牛津法律大辞典》，光明日报出版社 1988 年版，第 498 页。

③ [德] 穆勒：《恐怖的法官——纳粹时期的司法》，王勇译，中国政法大学出版社 2000 年版，第 66 页。

④ [德] 穆勒：《恐怖的法官——纳粹时期的司法》，王勇译，中国政法大学出版社 2000 年版，第 73 页。

⑤ 参见张中友：《司法认知录》，中国检察出版社 1999 年版，第 70 页。

了公正在司法活动中所具有的极端重要性。

当然，司法公正是社会公正的重要部分。司法公正对于实现其他领域的社会公正有着不可替代的重要作用。这是由法律制度对社会生活的重要性决定的。正如英国著名法哲学家拉兹所言："不受法律规制的人类社会有可能存在。但是某一个社会如果受到法律的制约，那么，这一社会的法律体系必然是最重要的制度化体系。法律提供了社会生活的一般性框架。它是规制行为和解决争议的体系，它主张干预任何活动的至上性权威。它通常也支持或限制社会中其他规范的创制和践行。据此，法律为社会生活各领域的行为提供了一般性框架，它是社会的无上卫士。"①"我们研究社会公正理论，倡导社会公正原则，只是在为社会公正做道德上的论证和宣传，为完善法制提供科学的道义基础、民意基础。政治公正、经济公正、企业公正、教育公正等各方面的公正要求，即公民在社会生活各方面的权利和义务的统一，究竟能否在全社会的道德追求中得以实现，说到底，取决于法制完善化的程度，取决于法律公正的实现程度……只有在真正依法治国和实现法律公正的社会条件下，才能消除腐败和一切不公正现象，才能落实政治公正、经济公正以及社会生活各领域的公正，促进富强、民主、文明的现代化目标的早日实现。"②因此，司法公正是法律公正的组成部分，同时也为社会正义的重要部分。

同时，公正司法权应当是个人所享有的基本权利，司法公正本

---

① ［英］约瑟夫·拉兹：《法律的权威》，朱峰译，法律出版社 2005 年版，第 104 页。

② 程立显：《伦理学与社会公正》，北京大学出版社 2002 年版，第 288、292 页。

身就是社会公正的应有内涵。1966 年通过的《公民权利与政治权利国际公约》所规定的各项公民与政治权利，如生命权、人身自由与安全权、人格尊严权、迁徙自由权、公正审判权等，[①] 其中第十四条所规定的"公正审判权"，正是一个国家和社会公正的重要组成部分。"公正审判权是公民应当享有的基本人权，它具有普遍性、不可取代性、不可剥夺性、母体性等特征。如果公正审判权被拿掉，整个人权大厦就会倾斜或倒塌。生命、自由、财产是整个国际社会公认的公民享有其他人权的基础，而公正审判权是保护生命、自由和财产不受非法侵犯的最后屏障。没有了它，其他所有人权将会失去意义"。[②] 这鲜明地指出了公正审判权作为一项基本人权的重要性，"没有诉讼公正就没有法律的力量，社会公正或正义就失去了根基和保障，因而公正的诉讼促使人们从中培养公正的意识和汲取公正的力量，从而对社会管理的大系统产生广泛与深刻的影响"。[③]

由于司法对社会而言是一种保障机制，因此，只有公正的司法才能保障社会正义不至于落空。赵汀阳就认为，惩罚本身就是一种公正。"社会公正要得到维持，哪怕是某种程度上的维持，就至少需要惩罚性公正和回报性公正作为一种随时可以实施的威慑存在。于是，惩罚性公正在实际上和回报性公正同样是必要的，惩罚性公

---

① 《公民权利与政治权利国际公约》序言中指出："对人类家庭所有成员的固有尊严及其平等的和不移的权利的承认，乃是世界自由、正义与和平的基础。"

② 黎晓武：《论公正审判权》，载杨海坤主编：《宪法基本权利新论》，北京大学出版社 2004 年版，第 348 页。

③ 谭世贵主编：《刑事诉讼原理与改革》，法律出版社 2002 年版，第 87 页。

正是回报性公正所以有效的一个条件。放弃或忽视惩罚性公正，这种做法本身就是一种不公正，而且等于故意造成一种分配上的不公正，因为如果不以正义的暴力去对抗不正义的暴力，不惩罚各种作恶，就意味着纵容不正义的暴力和帮助作恶"。[①] 另有学者明确指出，司法其实就是用公正的力量来矫正不公正的现象："公正与诉讼活动的本质联系或许产生于这样一个最原始的逻辑：任何社会冲突都包含着对某一社会公正原则的扭曲，因此，矫正这种现象必须要有公正的意识、公正的评价和公正的力量。"[②] "这项权利对于其他法律上的权利而言是基础性的，也是绝对的。如果一种法律制度不能绝对地保障公民提出保障人权要求的权利，那么，法律上所确定的人权也就不具有实然性的支撑，法律在保障人权中的作用就不可能超越于道德对人权的保护水平。所以说，诉权是现代法治社会中第一制度性的人权。"[③]

二、实体公正

实体公正，是指通过诉讼过程而实现的结果公正，也就是说司法活动就诉讼当事人的实体权利和义务关系所作的裁决或处理与每

①　赵汀阳：《论可能生活——一种关于幸福和公正的理论》（修订版），中国人民大学出版社 2004 年版，第 169 页。

②　柴发邦主编：《体制改革与完善诉讼制度》，中国人民公安大学出版社 1991 年版，第 40 页。

③　莫纪宏：《论人权的司法救济》，《法商研究》2005 年第 5 期。

个人所应得的权益相一致。

"正义之提供，牵涉国家的权威和威望。"[①]实体正义的实现，也并不是一件容易的事情，它需要多种条件的支撑，具体来说：

一方面，实体公正要求认定案件事实准确。美国学者曾指出："如果没有与真实相一致的事实认定，那么政策目标或者法律规范将不能得到实现。""假如没有与真实相一致的司法事实认定，那么就不可能从真正的经验及其实际适用的角度出发使法律得到检验并改进法律。"[②]我国台湾学者将真实发现视为正义原则："发现实体真实，包含正反两种含义：对于无辜的被告，只当裁判结果确认并开释无辜时，才是发现了实体真实，也才是实体正确；反之，对于真正的犯人，只当裁判确认其犯罪事实并依照刑法施加处罚时，才是实体真实与正确。所以，发现实体真实的完整意义是毋枉毋纵，开释无辜，惩罚罪犯，并不能将之片面地理解为有罪必罚。此种力求发掘犯罪事实真相，既不容罪及无辜，亦不许犯人逍遥法外的想法，导源于正义的观念，因此，也称为正义原则。"[③]德国著名学者罗科信教授也指出，刑事诉讼的首要目的就在于实体事实之正确性。"裁判过程固然要求程序合法，但如果内容错误，则亦非所求"。[④]日本著名学者松尾浩在介绍日本的刑事诉讼制度时也指出：

---

① ［意］克拉玛德雷：《程序与民主》，翟小波等译，高等教育出版社 2005 年版，第 2 页。

② ［美］莎摩尔、莫兹：《事实真实、法律真实与历史真实：事实、法律和历史》，徐卉译，载王敏远主编：《公法》第四卷，法律出版社 2011 年版，第 131、132 页。

③ 林钰雄：《刑事诉讼法》（上），中国人民大学出版社 2003 年版，第 7 页。

④ ［德］罗科信：《刑事诉讼法》，吴丽琪译，法律出版社 2003 年版，第 5 页。

"日本刑事诉讼的目的在于绝对地发现真实，这一点不同于美国的程序优先。因此，日本的检察官在处理案件时非常谨慎，对证据确认的统计表明，地方裁判所审判案件的有罪率是99.94％，简易裁判所审判案件的有罪率是99.84％。"[1] 而即便是在美国，最高法院也直接将发现真相描述为刑事司法系统的"基础性目标"和"刑事审判的核心目的"。[2]"实体真实主义作为刑事诉讼程序制度的目的被强调时，具有下述政策上的意图。即刑事裁判以正义为基调。由于只有探明真实才能实现正义，所以刑事裁判首先必须接近客观的真实。"[3] 而美国辩诉交易制度的首要弊端就在于未能查明真相，从而极大地危害了实体公正。在辩诉交易中，真正的罪人通过有罪答辩可能掩盖罪行或情节，重罪被告人逃避本应受到的最严厉的处罚，无罪的人可能因种种原因承认有罪，因而导致放纵或轻纵犯罪，甚至使无辜的人蒙冤受辱，损害社会利益。[4]

另一方面，实体公正要求适用法律正确。拉兹认为："法律应当公开并且广为人知。如果它的目的是指引人们的行为，人们应当发现它的要求是说明。同样的，它的意义应当明确。模棱两可、模糊不清、晦涩难懂或辞不达意的法律，至少对某些希望受它指引的

---

① 顾永忠等：《日本近期刑事诉讼法的修改与刑事司法制度的改革》，《比较法研究》2005年第2期。

② ［美］拉费弗等：《刑事诉讼法》，卞建林等译，中国政法大学出版社2005年版，第32页。

③ ［日］石川才显：《通说刑事诉讼法》，日本三省堂1992年版，第24—25页；转引自王以真主编：《外国刑事诉讼法》，北京大学出版社2004年版，第5页。

④ 参见宋英辉：《刑事诉讼原理导读》，法律出版社2003年版，第440页。

人来说，具有误导性和干扰性。"① 而法律现实主义认为："在作出一项特定的判决（裁决、命令或裁定）以前，没有人会知道在审理有关案件或者有关特定情形、交易或事件时所适用的法律。"② 应当说，上述两种学说都走向了极端。科学的做法是坚守法律的确定性，同时允许法官自由裁量权的存在，这样才能真正保证实体处理上的公正。

三、程序公正

理论界一般认为，程序公正理念起源于英国。英国在公元七世纪初步确立封建制度时，并未立即成为中央集权的封建制国家，其政治制度的特点是各地区领主或主教享有较大的自治权，领主控制郡法院、百户法院并沿用盎格鲁－撒克逊人的习惯法，主教控制教会法院并运用宗教法进行审判，地区差异极大。1066 年，诺曼底公爵威廉征服英国之后，着手建立了欧洲第一个以王权为中心的封建制中央集权国家，为统一法律制度创造了有利条件。英王亨利二世进行了法律制度改革，在封建化过程中统一了各地差异极大的习惯法，并在十三世纪形成了以判例为主要渊源的普通法。金雀花王朝的君主约翰统治时期，农民反抗封建主的斗争和封建统治

---

① 参见［英］拉兹：《法律的权威》，朱峰译，法律出版社 2005 年版，第 187 页。
② ［美］博登海默：《法理学：法律哲学与法律方法》，邓正来译，中国政法大学出版社 1999 年版，第 166 页。

阶级内部纷争日趋激化,在大贵族的武力威逼下,国王约翰被迫于 1215 年 6 月 15 日签署了《自由大宪章》。① 其中,《自由大宪章》第三十九条规定:"任何自由民,如未经其具有同等身份的人依法裁判或者根据王国的法律,皆不得被逮捕、监禁、没收其财产、剥夺其自由权或者自由习俗。"这在历史上被基本认为是最早的程序公正之规范表达。但是,《自由大宪章》并没有明确提出"正当法律程序"这一用语。

随后,英王爱德华三世于 1354 年颁布了《伦敦威斯敏斯特自由法》。该法第三章第二十八条规定:"任何人,无论身份和地位如何,非经正当法律程序之审判,皆不得被剥夺土地、房产,不得被逮捕、监禁,或被取消继承权,或被剥夺其生命。"该条规定首次在法律文件中明确提出了"正当法律程序"的概念。

在十七世纪初期,在著名的法官科克的直接领导下,英国议会通过了《权利请愿书》。它直接针对查理一世任意监禁公民和无议会授权征税两项滥用权力的行为,规定国王在没有议会同意的情况下不得强迫任何人缴税;任何人不因拒付而受到侵犯;任何自由人不得被国王随意监禁或者拘留等。随后,英国议会又分别于 1640 年通过了《人身保护法》、1641 年通过了《大抗议书》、1679 年通过了《人身保护法修正案》、1688 年通过了《权利宣言》、1689 年通过了《权利法案》。这 5 部法律确认了一系列正当程序权利:不得任意拘禁、逮捕公民;拘捕公民要说明理由;迅速审判,最大限

---

① 参见徐亚文:《程序正义论》,山东人民出版社 2004 年版,第 7 页。

度地保障公民的自由。① 这些规定进一步丰富了程序公正的基本内涵。

英国的普通法传统和正当程序理念也被带到了北美。1641 年，北美殖民地的人民制定出了第一部权利保障法案——《马萨诸塞湾自由宪章》，其中第一条就规定："除非根据本团体经由大会依照公平、正义，明白制定而已公布之法律的权力，对任何人，均不得剥夺其声明，无损其荣誉，逮捕、限制、放逐、危害其身体，夺取其妻室子女，剥夺其动产及不动产。"②

美国于 1787 年通过联邦宪法，以"三权分立"为基础建立了联邦政府。随后又起草并通过了 10 条宪法修正案，这些修正案于 1791 年生效，后被称之为《权利法案》。《权利法案》的主要内容是对联邦政府的权力进行限制，其中多数与刑事诉讼有关。其中与程序公正紧密相关的是第四、五、六、八条。这四条修正案分别规定了被追诉人所享有的一系列程序性权利。

在当时的联邦体制下，州是完全受到信任的自治体。由于《权利法案》属于联邦宪法的修正案，因此其所规定的正当程序权利只能在联邦范围内适用，而不适用于各州。在当时十分强劲的州自治理论的影响下，《权利法案》只能约束联邦政府，而不能约束州政府。据此，州政府可以实施不合理的搜查和扣押，可以拒绝被告人在审判中聘请律师，可以对被告人拒绝陪审团审判。不过，这一

---

① 参见［英］沃克：《牛津法律大辞典》，北京社会与科技发展研究所译，光明日报出版社 1988 年版，第 392 页。

② 魏晓娜：《刑事正当程序原理》，中国政法大学 2003 年博士学位论文，第 32 页。

状况随着 1868 年联邦宪法第十四条修正案的诞生而改变。该修正案第一款规定："所有在合众国出生或划归合众国并受其管辖的人，都是合众国的和他们居住州的公民。任何一州，都不得制定或实施限制合众国公民的特权或豁免权的任何法律；不经正当法律程序，不得剥夺任何人的生命、自由或财产；在州管辖范围内，也不得拒绝给予任何人以平等法律保护。"

二战以后，作为人权保障的重要体现的程序公正理念在国际社会得到了迅猛发展。这体现在：一方面，许多国家在宪法或宪法性文件中对刑事程序公正的要素作出规定。如《日本宪法》第三十一条规定，"不经法律规定的程序，不得剥夺任何人的生命或自由，或科以其他刑罚"。此外，还以具体的条款规定了公民的获得审判权；对逮捕、搜查和扣押的令状制度；获知拘禁理由和辩护人的权利，以及对拘禁进行司法审查的权利；禁止拷问和残酷的刑罚；获得公正、公开和及时审判的权利；询问所有证人并强制取得有利证人的权利；被告人获得国选辩护人的权利；禁止强迫自证其罪；禁止不利益再审和禁止双重危险的权利；获得国家赔偿的权利；等等。加拿大制定的《加拿大权利与自由宪章》中，其中的第七、八、九、十、十一、十二、十三、十四条详细地规定了不受无理搜查、扣押和拘禁的权利；在被逮捕或拘留时被告知原因、获得律师帮助和获得人身保护令的权利；被控违法的人获知理由、在合理时间内受审、不被迫自证其罪、被假定无罪、获得保释、获得陪审团审判、不受重复审判的权利；不受残忍、不人道待遇和惩罚；证人不受强迫自证其罪的权利。

另一方面，一系列的联合国人权公约以及区域性国际人权公约纷纷出台，将有关程序公正的诸多权利加以规定。如联合国于1966年通过了《公民权利和政治权利国际公约》，公约第九条和第十四条全面而系统地规定了刑事诉讼的被追诉人在审前阶段和审判阶段所享有的一系列涉及程序公正的权利。如被追诉人在审判阶段享有的程序公正的权利有：在法庭和裁判所面前一律平等；法庭独立、公正；审判公正、公开；无罪推定；获悉指控性质和原因；有相当的时间和便利准备辩护；迅速审判；自行辩护、委托辩护和获得法律援助的权利；询问不利的证人和传唤有利证人的权利；免费获得译员；不被强迫自证其罪；未成年案件在程序上的特殊要求；上诉权；刑事赔偿权；不受重复审判的权利。此外，区域性国际人权公约如《欧洲人权公约》《美洲人权公约》也对一系列涉及程序公正的权利作出了规定。

关于程序公正的标准，国内外很多学者都对此进行了有益的探讨。美国学者泰勒（Tom R.Tyler）认为："评价某一法律程序是否公正的价值标准有：程序和决定的参与性；结果和过程的一致性；执法者的中立性；决定和努力的质量；纠错性；伦理性。"① 另一名美国学者马丁·戈尔丁（M.P.Golding）则认为程序公正包含着三个方面的九项内容："其一，中立，包括：（1）任何人不能作为有关自己案件的法官；（2）冲突的解决结果中不包含有解决者个人的利益；（3）冲突的解决者不应有对当事人一方的好恶偏见。其二，冲突的

---

① 转引自高其才等：《司法公正观念源流》，人民法院出版社2003年版，第299页。

疏导，包括：（4）平等的告知每一当事人有关程序的事项；（5）冲突的解决应听取双方的辩论和证据；（6）冲突的解决者应在另一方当事人在场的情况下听取一方的意见；（7）每一方当事人应有公平的机会回答另一方所提出的辩论和证据。其三，裁判，包括：（8）解决的诸项内容需应以理性推演为依据；（9）分析推理应建立于当事人作出的辩论和提出的证据之上。"① 日本学者谷口安平认为，程序公正的最重要的条件是"与程序的结果有利害关系或者可能因该结果而蒙受不利影响的人，都有权参加该程序并得到提出有利于己的主张和证据以及反驳对方提出之主张和证据的机会"。②

关于程序公正的标准，我国学者也进行了较为深入的研究。有学者认为，刑事案件程序公正的具体要求主要是："（1）严格遵守刑事诉讼法的规定；（2）有效保障当事人和其他诉讼参与人，特别是犯罪嫌疑人、被告人的诉讼权利；（3）严禁刑讯逼供和以其他非法手段取证；（4）司法机关依法独立行使职权；（5）前审判程序的应有透明，审判程序的公开；（6）在审判程序中，控辩双方平等对抗，法庭居中裁判；（7）按法定期限办案结案。"③ 也有学者认为程序公正取决于三个要素："冲突事实的真实回复、执法者中立的立场、对冲突主体合法愿望的尊重。"④ 还有学者认为，程序公正的标

---

① ［美］马丁·R. 戈尔丁：《法律哲学》，齐海滨译，生活·读书·新知三联书店
　　1987 年版，第 240—241 页。
② ［日］谷口安平：《程序的正义与诉讼》（增补本），王亚新、刘荣军译，中国政
　　法大学出版社 2002 年版，第 11 页。
③ 陈光中：《坚持程序公正与实体公正并重之我见——以刑事司法为视角》，《国家
　　检察官学院学报》2007 年第 2 期。
④ 顾培东：《社会冲突与诉讼机制》，四川人民出版社 1991 年版，第 90 页。

准包括程序参与原则、中立原则、程序对等原则、程序理性原则、程序自治原则、程序及时和终结原则。[①] 上述论断尽管表达各有不同，但基本是按照诉讼的基本规律，从不同视角、不同方向上对程序公正所作出的描述，有异曲同工之妙。

四、实体公正与程序公正的关系

在对程序公正与实体公正两者关系问题上，笔者认为，应坚持实体公正与程序公正并重。如美国最高法院大法官菲力克斯·弗兰克福特也曾说："公正的外表和事实上的公正同等重要。"德国学者克劳思·罗科信也认为："在法治国家的刑事诉讼程序中，对司法程序之合法与否，被视为与对有罪之被告、有罪之判决及法和平之恢复，具有同等之重要性。"[②] 我国台湾学者林钰雄教授在分析刑事诉讼的目的时也持类似观点。他认为："刑事诉讼有三大目的：实体真实、法治程序以及法的和平性。刑事诉讼若能同时兼具上述目的，固然再好不过。然而，事与愿违者也不在少数……目的冲突的解决之道，在于谋求调和而非片面牺牲，亦即，解决冲突并不必然意味牺牲其一而成就其他，而是在尽可能的范围之内，谋求并存的方案，并且，在迫不得已时，仅容许最小限度牺牲。""以上目的的冲突，无法泛泛导出何者必然优于何者的简单铁律，而应针对具体

---

① 　参见陈瑞华：《刑事审判原理论》，北京大学出版社 1997 年版，第 60 页。

② 　[德]克劳思·罗科信：《刑事诉讼法》，吴丽琪译，法律出版社 2003 年版，第 5 页。

层面之运用。"① 我国也有学者认为:"程序公正和实体公正,总体上说是统一的,但有时难免发生矛盾。在两者发生冲突时,应当视具体情况而定。有时采取程序优先,如适用非法证据排除规则,有时采取实体优先,如对冤狱的平反不受申诉时效和终局程序的限制。总之,程序公正和实体公正如车之两轮,鸟之两翼,互相依存,互相联系,不能有先后轻重之分,而应当是并重的。"②

"在我们重视和强调程序价值、提高程序法地位地同时,不可以从一个极端走向另一个极端,而不加分析地接受程序本位主义。我们既要反对实体本位主义,也要反对程序本位主义,而需要实现二者的并重和均衡,在它们的极致中实现二者的融合。这就是实体和程序关系中的否定之否定。"③ 实体公正、程序公正并重观不仅受到理论界的高度重视,而且也是中国最高司法实务部门的一致看法。早在 2003 年 11 月 12 日,最高人民法院、最高人民检察院、公安部联合颁布的《关于严格执行刑事诉讼法,切实纠防超期羁押的通知》中就指出:"进一步端正执法思想,牢固树立实体法和程序法并重、打击犯罪和保障人权并重的刑事诉讼观念。社会主义司法制度必须保障在全社会实现公平和正义。人民法院、人民检察院和公安机关依法进行刑事诉讼,既要惩罚犯罪,维护社会稳定,也要尊重和保障人权,尊重和保障犯罪嫌疑人、被告人的合法权益,

---

① 林钰雄:《刑事诉讼法》,台湾图书馆出版 2003 年版,第 12 页。
② 陈光中:《刑事诉讼法再修改之基本理念——兼及若干基本原则之修改》,《政法论坛》2004 年第 3 期。
③ 章武生、汤维建等:《司法现代化与民事诉讼制度的建构》,法律出版社 2000 年版,第 123 页。

是依法惩罚犯罪和依法保障人权的有机统一。"在 2007 年 3 月 9 日,最高人民法院、最高人民检察院、公安部、司法部联合颁布的《关于进一步严格依法办案确保办理死刑案件质量的意见》进一步明确指出,办理死刑案件应当遵循 5 个原则要求。其中就包括:"坚持程序公正与实体公正并重,保障犯罪嫌疑人、被告人的合法权利。人民法院、人民检察院和公安机关进行刑事诉讼,既要保证案件实体处理的正确性,也要保证刑事诉讼程序本身的正当性和合法性。"

总之,"理想的正义是形式要素和实体要素之和"。①"司法公正是法院审判工作的生命和灵魂,是每一个法官的神圣职责,也是依法治国的重要标志。司法公正包括实体公正和程序公正两个方面,两者相互依存,不可偏废。"②"如果把司法系统看作一个工厂,那么实体公正考察的是工厂生产出来的'产品',而程序公正考察的是该'产品'的'生产程序'。"③

五、公正之于司法

笔者认为,强调"公正是司法的生命线",有以下几点需要考虑:

---

① [美]戈尔丁:《法律哲学》,齐海滨译,生活·读书·新知三联书店 1987 年版,第 237 页。
② 沈德咏:《正确处理若干重大关系促进人民法院科学发展》,《人民法院报》2009 年 2 月 17 日。
③ 何家弘:《刑事司法的十大发展趋势》,《人民检察》2005 年第 2 期。

第一，实现实体公正。麦考密克指出："即使在一个把正义视为与制度有关的原则的结构内，确立对程序正义的要求也是有意义的。证明这些要求正当的理由来自这样的信念：一个公平的法律程序组织可以最大限度地增加作出公正的决定（在这种情况下是根据法律作出决定）的可能性。"① 德国学者在谈到程序正义在正义理论中的地位时也认为："程序正义由于被视为一种实现具体结果的途径，而具有了一种服务功能。就服务功能而言，程序正义仅仅是工具性的，因为正当性的获得还依赖于程序之外的标准。程序正义在实现其服务功能中表现为完善的和不完善的两种形式：都预先假设一个评判结果公正的外部标准。'服务'一词就程序正义而言，意指获得公正的结果，或者至少提高在最接近的程度上获取公正结果的可能性。"②

第二，体现人性价值。司法公正要求尊重人的尊严，把人当作是具有独立价值的个人来看待。康德就曾明确指出："人，是主体，他有能力承担加于他的行为。因此，道德的人格不是别的，它是受道德法则约束的一个有理性的人的自由。物，是指那些不可能承担责任主体的东西。它是意志自由的活动的对象，它本身没有自由，因而被称之为物。"③ 黑格尔认为："法的命令是，成为一个人，并尊

---

① 参见 [英] 麦考密克、[奥] 魏因贝格尔：《制度法论》，周叶谦译，中国政法大学出版社 2004 年版，第 262 页。

② [德] 阿克塞尔·辰切尔：《程序正义在正义理论中的地位》，陈林林译，《南京大学法律评论》2001 年春季号。

③ [德] 康德：《法的形而上学原理——权利的科学》，沈叔平译，商务印书馆1991年版，第 30 页。

重他人为人。"①

第三，形塑法治品格。法治的一个基本理念就是国家权力受到有效的制约。"政府的权力受到限制，这是法治国家的核心环节……法治的精髓就是制约和监督国家机关及其工作人员。只有国家权力的行使被限定在宪法和法律的范围内，公民的权利非经正当的法律程序和充分证成不受剥夺，只有国家权力是依照宪法和法律行使，国家机关工作人员依法办事，公民对政府的信任、认同和支持才能够被唤起。这是一个社会最深层的稳定因素和最强大的发展力量。"②

第四，提升法律权威。"权威涉及正统和服从，与共识有着内在的关联，其内核是合法的权力和令人信从的威信。一方面权威具有使人服从的强制性权力，另一方面它具有的公信力又令人们自愿地服从。"③ 在诉讼中，权威的实现有赖于参与。"审判的合法性依赖于受约束的人的参与权，而不管是直接的参与还是间接的代表。如果参与的标准被以下三种情形所违反，那么审判就不具备合法性。一、即使参与审判的结果是正确的；二、即使程序基本上可靠的；三、即使不参与而形成的结果与参与形成的结果基本上相同。"④

总之，离开了公正，司法就是一潭死水，毫无生气。只有真正

---

① ［德］黑格尔：《法哲学原理》，范扬、张企泰译，商务印书馆 1961 年版，第 46 页。

② 张文显：《法哲学范畴研究》，中国政法大学出版社 2001 年版，第 166 页。

③ 季金华：《司法权威论》，山东人民出版社 2004 年版，第 30 页。

④ Lawrence B. Solum, "Procedural Justice", 78 S. Cal. L. Rev. 2004—2005, p.279.

践行公正，使公正成为司法的生命主线，司法才能成为公正的最后一道防线。两条线，互为影响，相辅相成，共同构筑着一国法治的未来。

为什么良法是善治之前提？

江利红　周海源 [*]

2014 年 10 月 23 日，中国共产党第十八届中央委员会第四次全体会议通过了《中共中央关于全面推进依法治国若干重大问题的决定》。该《决定》要求："全面推进依法治国，总目标是建设中国特色社会主义法治体系，建设社会主义法治国家。这就是，在中国共产党领导下，坚持中国特色社会主义制度，贯彻中国特色社会主义法治理论，形成完备的法律规范体系、高效的法治实施体系、严密的法治监督体系、有力的法治保障体系，形成完善的党内法规体系，坚持依法治国、依法执政、依法行政共同推进，坚持法治国家、法治政府、法治社会一体建设，实现科学立法、严格执法、公正司法、全民守法，促进国家治理体系和治理能力现代化。"据此，

*　江利红，华东政法大学法律学院教授、博士生导师；周海源，华东政法大学中国法治战略研究中心助理研究员，法学博士后。

依法治国被提升到关系党执政兴国，事关人民幸福安康，事关党和国家长治久安的战略性地位，因此也将成为党和政府当前和未来相当长一段时期内的工作重点。《决定》同时指出："法律是治国之重器，良法是善治之前提。"推进依法治国所要解决的首要问题即是法的质量的问题，法律作为治国的依据，只有其本身是公正的，依据法律进行国家治理也才有可能取得良好的社会效果。为此，《决定》要求："建设中国特色社会主义法治体系，必须坚持立法先行，发挥立法的引领和推动作用，抓住提高立法质量这个关键。"可见，我国当前法治建设的重点任务在于提高立法质量，立良法以促善治。

一、法律是治国之重器

古希腊圣贤亚里士多德提出"法治优于一人之治"的著名命题。他认为，让一个个人来统治，这就在政治中混入了兽性的因素。因此，一切政务还须以整部法律为依照，只在法律所不能覆盖而失其权威的问题上才可让个人运用其理智。法律所未及的问题或法律虽有涉及而并不周详的问题确实是有的，这个时候，求之于人民方可实现民主与法治的统一。亚里士多德比较了法治与一人之治优劣，最终得出法治优于一人之治的结论。然而，对于现代国家而言，法治与一人之治并不是孰优孰劣的问题，依法律之治实乃现代国家的必然选择，是以《决定》即提出"法律是治国之重器"。

（一）现代国家需要借助法之规范性界定社会主体的权利义务

法的规范性是法的基本属性之一。所谓规范性，即是指法律条文的基本内容即是设定人们的权利义务，并通过权利义务的设置调整人们的行为。换言之，法律的规范性表现为法律是作为社会规则抑或人们的行为准则而存在的。其之所以具有这样一种特性，原因即在于法律条文的内部结构，法律条文正是通过设定权利义务以调整社会主体的行为。为实现这一目的，法律条文一般即由假定、行为模式、法律后果三部分组成，假定设定了社会生活中可能出现的各种情形，行为模式则规定在该种情形中社会主体应为何种行为，法律后果进一步规定社会主体为或不为行为模式设定的行为可能产生的后果。因此，现代国家通过立法即可将人们应为或不为的行为固定在法律中，以法律形式而非命令形式规范人们的行为。这实际上是现代国家应对日益复杂的社会事务的最佳方式，因为国家机构根本不可能事必躬亲地对每一种可能出现的社会情景颁布相应的命令。

当然，这里所说的社会主体应作广义的理解，不仅包括自然人，也包括国家机关和各类社会组织。实际上，就现代民主国家而言，法治的重点在于治"权"，而非治"民"，这也是习近平总书记提出的"将权力关进制度的笼子里"的题中应有之义。因此，现代国家更多地需要借助法之规范性以规范国家权力，作为"公法"的宪法与行政法因此成为国家治理体系现代化的主要凭证。宪法的主要作用在于赋予国家权力以合法性，并限定国家权力之运行范围。此时，就国家权力而言，宪法即是其必须遵守的行为准则，宪法通过权力设置而规范国家机关行为；同样的，行政法亦规定了行政机关开展行政活动的法律依据、职权要件、行为强度及其方式等，通过这些规定实现对行政机关的规范。当然，现代国家尚需通过民法、商法等私法规范调整私主体行为以实现优良的私法秩序。总而言之，基于法的规范性，现代国家需要仰仗法律实现对各类社会主体之行为的调整，如此方可使有序的社会生活成为可能。

（二）现代国家需要借助法律之稳定性为社会主体的行为提供明确的指引

法律具稳定性，这种稳定性的存在即可为社会主体开展活动提供明确的指导。具体而言，与其他社会规范相比较，法律具有较强的稳定性，这种稳定性表现为，法律一旦制定颁布之后，其在相当长的一段时期内即是明确有效的社会规范，其内容不会因社会情势变迁和人们的意愿而发生变化。法律的稳定性来源有二：其一，立法程序具有严格性，法律的制定、颁布、修改都需要依法律规定的程序开展，这就使得法律一经制定，就不会轻易被修改，法律的修改须满足苛刻的程序要求，这可最大限度地保持法律规范的稳定性；其二，法律本身是一种以固化形式表现出来的民意，法律一旦经固化形式表现出来并被公之于众，其内容即不会随着时代变迁而自行发生变化，这即可使法律得以以较为稳定的形式出现于世人面前。

法的稳定性有利于使法律规范获得人们的普遍认同。抛开法律本身的优劣不谈，法的稳定性对法律之社会认同度的提升是有所裨益的。这是因为，当一部法律规范能够穿越历史长廊经久不衰时，对这部法律的信仰就有可能融入民族精神之中，成为生活习惯的一部分，人们因此即会自然而然地遵循这部法律的规定。

而获得民众普遍认同的法律无疑能够为社会主体安排其日常生活提供明确指引，从而使"可预测的社会秩序"成为可能：一方面，社会主体能够依法律规定的行为模式和法律后果安排自己的生产和生活，使其活动符合于法律规范之规定以换取法律的正面评价和最佳的法律后果。换言之，当一种法律后果的出现是可预测的时，人们即可以依法律后果选择可实施的行为，如此，一种有安排的生活秩序方成可能。另一方面，基于法律规范之稳定性，社会主体也能够依法律之规定预测他人行为，在此基础上安排己方的应对行为，从而使社会合作成为可能，社会利益也得以在合作中实现最大化。简言之，国家需要为社会生活的开展提供一套稳定的规则体系，有这一套人人皆需遵守的规则体系的存在，社会主体才能依这套规则体系安排各自的生产生活，人们过上有序的社会生活的愿景也才得到实现。

（三）现代国家需要借助法律理性抑制民意的不理性冲动

法律是民意的体现，这是毋庸置疑的。与此同时，作为民意的法律必须是理性的，法律仅仅体现民意中的理性成分，非理性的民意不仅需要排除于法律条文之外，法律本身的存在，即可抑制民意的非理性冲动。

法律的理性成分一直为自然法学家推崇。古希腊自然法学家即将法律与理性联系起来，西塞罗认为自然法是"自然理性"的体现；中世纪自然法学则将法律理解为"人类可理解的上帝的理性"；古典自然法学家将理性从天国拉回了人间，认为人们的一般理性所共同认同的正义标准即是自然的普遍法则。"理性，也就是自然法教育求助于理性的全人类，所有人都是平等的、独立的、任何人都不能侵犯别人的生命、健康、自由和财产。"① 当然，法律的民意性与理性并不是对立的，相反，正如古典自然法学家所提出的，"法律是人们的一般理性所共同认同的正义标准"，这就是说理性只有获得大多数民众的认同方有可能体现于民意中，最终成为法律内在的精神实质。

当然，法律理性与民意亦有可能产生冲突，冲突产生的原因即在于民众在很多情况下容易被某种情势所感染，从而共同怀有某种偏激情绪，此时的民意就难免有不理性的成分。而不理性的民意即需要法律理性加以矫正。这是因为，法律理性不仅是当前民众所能够理解的一般理性，其同时是经历史沉淀而为时间证明为"理性的"理性。内含历史理性的法律规则即可构成哈耶克所宣称的"一般性规则"。这种一般性规则对特定情势下产生的不理性民意具有天然的矫正作用。换言之，当民意出现非理性冲动

① ［英］洛克：《政府论》（下篇），牛新春、罗养正译，天津人民出版社 1998 年版，第 240 页。

时，现代国家即有必要通过法律理性的力量抑制这种非理性冲动，使民意始终保持其温和谦让的品性，如此才有可能防范民意因狂躁而演化为实施"多数人暴政"的工具。以美国焚烧国旗案为例，在1984年美国共和党召开全国大会时，詹森等反对者在示威过程中焚烧了美国国旗，因该行为违反德克萨斯州的有关法律，詹森被判服1年监禁和2000美元罚款。该案被上诉到最高法院之后，最高法院法官认为焚烧国旗属于言论自由的范畴，德州法律因限制这一权利而与第一修正案的精神不符。在此案之后，美国国会高票通过《联邦反亵渎国旗法》和《国旗保护法》，但这两个法案也被最高法院认定为违宪。美国焚烧国旗案表面上看是立法者与司法者关于言论自由之边界的较量，其实质亦是民意与法律理性的较量，代表广泛民意的《联邦反亵渎国旗法》和《国旗保护法》被宣告违宪，其实际即是宪法的理性精神战胜了民意的不理性冲动。因此，"星条旗保护焚烧它的人"宣告的既是言论自由的胜利，更是法律理性的胜利。

二、法亦有良恶之分

既然法律是治国之重器，现代国家实施社会治理离不开法律的作用，是否是一切法律皆可用来治理国家呢？

实际上，法也有"良法"与"恶法"之分。从西方法律史来看，最早提出法律有良恶之分的思想的是古希腊的克里克勒，他认为符合自然法的法律就是良法。① 之后，柏拉图对于法律的内涵作出了进一步阐释，他认为法就是正义、规则，是理性的命令。受此观念的影响，亚里士多德正式提出了"良法"的概念，他认为法治应包含两重意义："已成立的法律获得普遍的服从，而大家所服从的法律又应该本身是制定得良好的法律。"② 自亚里士多德之后，古罗马时期、中世纪时期、资产阶级革命时期的法学家们都对"良法"的问题进行了探讨，而制定符合自然公正价值的"良法"是历代法学家们的理想。所谓"良法"，是指捍卫人们的权利和自由，防止暴政，制裁犯罪，维护正义的法律；而与之相对应是"恶法"，恶法就是捍卫独裁专制，维护暴政，侵害人权，肆意剥夺人们的权利与自由，损害正义的法律。一般而言，具有法定权限的立法机关通过正当的立法程序制定的法都是"良法"，但也不能完全排除"恶法"的可能。例如，德国纳粹时期所制定的《纽伦堡法案》以及日本在二战前所制定的《治安警察法》与《治安维持法》等。

［德国］纽伦堡法案

1935 年 9 月 15 日，德国国会通过了两部法律，合称《纽伦堡法案》。其中的《保护德国血统和德国荣誉法》禁止"德国人"（指具有德意志民族血统者）与犹太人结婚或有婚外性行为，禁止犹太人雇用 45 岁以下的德国妇女为家庭佣工。而《帝国公民权法》褫夺"非德国人"的德国公民权。其后的补

---

① 参见丁以升：《论法治国家的理念基础》，《现代法学》2002 年第 1 期。
② ［古希腊］亚里士多德：《政治学》，吴寿彭译，商务印书馆 1983 年版，第 199 页。

充法令为"犹太人"一词下定义，如果一个人的祖父母四人中全部或三个是犹太人，则该人在法律上即属于犹太人。如果一个人的祖父母中仅有两个或一个是犹太人，则该人属于"混血儿"。之后，德国军队和警察执行这些法律，对犹太人进行种族清洗，屠杀了近600万犹太人。

[日本] 治安警察法与治安维持法

1894年中日甲午战争后，日本政府采取扩充军备的方针，以军需工业为中心的金属机械等重工业部门迅速兴起，同时近代工人队伍也成长起来。1898年，工厂工人达40多万，工人运动随之高涨。1897年7月，高野房太郎、城常太郎等人组成日本最早的工会组织——工会促进会，呼吁工人组织工会。同年12月成立了铁工工会，次年4月由铁道公司机务人员组成了日本铁道矫正会，1899年11月，又成立了印刷工人工会。工会促进会的会员由1897年的1200余人迅速增加到1899年的5700多人。尽管有些工会只谋求工人之间互助共济，具有改良主义色彩，但1900年日本政府还是颁布了《治安警察法》，加以镇压，此后工人运动渐形衰退。从1920年起，日本政府开始着手制订新的治安法规，以取代旧的《治安警察法》。1925年1月，日本与苏联建交。为了防止日本国内的共产主义革命运动的激化，《治安维持法》于1925年4月22日公布，同年5月12日起施行。该法的核心内容是"组织以变更国体或否定私有财产制度为目的的团体，或者明知其性质而加入者，处十年以下有期徒刑或禁锢"。日本政府制定该法的目的在于希望借此压制国际社会日益高涨的共产主义运动的发展。该法公布后，由于政府强化其施行力度，许多活动家和民主进步人士遭到了镇压，例如小林多喜二在接受调查中不堪刑讯逼供而惨死狱中。

《纽伦堡法案》是纳粹德国颁布的反犹太人的法律，而《治安警察法》与《治安维持法》是日本在二战前为了镇压工人运动、共产主义运动而制定的法律。虽然这些法律都是由当时合法的立法机关（德国国会或者是日本国会）通过正式的立法程序制定，对于当时的德国或者日本的民众而言，都是合法有效的法律。但很明显，这些法律违反了人类的基本良知和自然的公平、正义价值，因此是"恶法"。

就我们的立法情况来看，根据立法法的规定，立法应当遵循宪法的基本原则，体现人民的意志，并且应当从实际出发，科学合理地规定公民、法人和其他组织的权利与义务、国家机关的权力与责任。因此，一般而言，由国家立法机关通过法定程序制定的"法"都是"良法"。但是，由于立法技术以及对于客观规律认识的偏差等原因，在我国的法律体系中，也不能完全排除"恶法"存在的可能性。例如，在"处女嫖娼案"中，公安机关对麻旦旦进行了非法讯问，并违法处以行政拘留15日的处罚，麻旦旦申请500万元的国家赔偿，但根据当时《国家赔偿法》的赔偿标准，最终法院判决的结果是赔偿74.66元，因此，该法被人们称为"恶法"；在"天价过路费案"中，河南农民时建锋在 8 个月时间里偷逃了 368 万元过路费，但才赚了 20 万元钱，根据刑法和有关司法解释的规定，被以诈骗罪判处无期徒刑，并处罚金 200 万元，对此，人们将矛头指向不合理的公路收费，将相关的规定称为"恶法"。此外，在"孙志刚事件"、"唐福珍事件"、"唐慧案"中，《城市流浪乞讨人员收容遣送办法》《城市房屋管理拆迁条例》《国务院关于劳动教养问题的决定》等都被人们认为是"恶法"。究其原因，在于这些法律法规的规定侵害了人们的权利与自由，损害公平、正义等价值。

［中国］处女嫖娼案

2001 年 1 月 8 日晚，陕西省泾阳县蒋路乡派出所民警与聘用司机来到该乡一家美容美发店，将正在看电视的 19 岁少女麻旦旦带回派出所讯问，要求麻承认有卖淫行为。麻旦旦拒绝指控后，受到威胁、恫吓、猥亵、殴打并被背铐在篮球架杆上。非法讯问 23 小时后，1 月 9 日，泾阳县公安局出具了一分《治安管理处罚裁决书》，该裁决书以"嫖娼"为由决定对麻旦旦拘留 15 天。为证明清白，麻旦旦自己去医院做了检查，证明自己还是处女。2 月 9 日，咸阳市公安局有关人员将麻旦旦带到医院，医院再次证明麻旦旦是处女，咸阳市公安局遂撤销了泾阳县公安局的错误裁决。此后，麻旦旦将泾阳县、咸阳市两级公安局告上法院，要求赔偿精神损失费 500 万元。5 月 19 日，咸阳市秦都区法院一审判决赔偿 74 元。2001 年 12 月 11 日，二审法院陕西省咸阳市中级人民法院审判庭经过审理判令泾阳县公安局支付麻旦旦违法限制人身自由两天的赔偿金74.66元。

[中国] 天价过路费案

河南农民时建锋在 2008 年 5 月 4 日至 2009 年 1 月 1 日期间，在经营河沙生意中，为骗免高速公路通行费，用两辆货车在运输河沙时使用伪造的车辆号牌、车辆行驶证、驾驶证等，在郑尧高速公路通行共计 2363 次，骗免高速公路通行费（按核准装载量计算）计人民币 492374.95 元。法院根据刑法和有关司法解释，以诈骗罪判其无期徒刑，并处罚金人民币 200 万元。此案引起了媒体强烈关注后，法院进行了再审，最终判决被告人时建锋犯诈骗罪，判处有期徒刑两年零六个月，并处罚金人民币 1 万元。

三、唯良法能保善治

法既有良恶之分，那么国家治理的过程中即需依良法开展，也只有良法方能确保善治目标的实现。具体而言，善治作为一种思潮，其最早源于行政学学者的论述。行政学学者认为，善治是公共利益最大化的治理过程和治理活动，其作为一种理想状态，需要在官民合作的基础下达成，既要达成公共利益的最大化，又要使大多数人的个人利益得到保障。[1] 在此意义上而言，善治主可从两个方面进行理解，即治理的正当性和治理的有效性，治理的正当性与治理的有效性皆需要良法予以保障：

（一）良法与治理的正当性

治理的正当性亦可称之为治理的合法性，其指向统治权力抑或统治行为能否获得以及在多大程度上获得民众的认同。应该说，正当性是善治的基础，也是善治的重要组成部分，国家机关要实现对社会的良好治理，这种治理即需要建立在正当性的基础上，能够获得来自民众的自觉认同。治理正当性可以从两个维度予以理解：一是规范维度的合法性。规范维度的合法性主要从价值维度考量治理活动，认为符合公平、正义、权利保障等价值的治理即具备合法性；二是经验维度的合法性。经验维度的合法性则主要从民主程序和公众感觉的角度考量治理活动，治理的开展具有充实的实定法依据，且能够得到受众的认同，则认为该种治理活动具有经验维度的合法性。两种维度的合法性实际上是相辅相成的，规范维度的合法性对应于法律理性，是法律理性在治理中的体现；经验维度的合法性则对应于民意，是民意对治理的自觉认同，二者构成善治之基础，也是考量治理之良恶的核心标准。

不管是规范维度的正当性抑或是经验维度的正当性都需要良法加以保障和维护。就规范维度之正当性而言，如上所述，在规范维

---

[1]　参见俞可平：《依法治国的政治学意蕴》，《探索与争鸣》2015 年第 2 期。

度的层面，治理的正当性要求治理活动符合公平、正义、权利保障等价值。换言之，良法必须以保障人权和自由为目的，其既要求国家权力依据法律的规范来治理国家和社会，同时其本身亦体现实质法治主义的理念。因此，只有以"良法"引导国家治理活动的开展，法律条文中内含的公平、正义、权利保障等精神才能够通过法律这一传送带传送到国家治理活动当中，这将可提升治理之正当性，使之具有规范维度的合法性，这样的治理活动也才有可能构得上"善治"。

在经验维度内，治理的正当性同样需要良法予以保证。经验维度的合法性需要治理得到民众的认同，而良法可从两个方面确保治理活动之社会认同度。一方面，良法即是经正当法律程序产生的法律。如根据立法法的规定，立法需经民主程序，体现人民的意志。也就是说，良法当中内含有人民的意志。因此，良法作为治理之依据时，治理的开展实际上就是执行内含于法律规范之中的人民意志，人民通过制定法律表达对治理活动的认同。此时，治理当然具有合法性，因此即有可能构成"善治"。另一方面，良法当中一般建构有公众参与机制或民意表达机制。如我国行政处罚法、行政许可法中都规定有听证程序。公众参与及其意见表达机制的建构，使得治理活动的开展需要建立在对治理对象之意见予以接纳的基础之上，此种意见表达即可视为公众对治理的认同，从而使之具有合法性。简言之，良法建构有一套吸纳民众意见的机制，治理活动只有依托良法开展，其才能最大限度地体现民意，充实其合法性。

（二）良法与治理的有效性

治理正当性是善治的内核，治理有效性则为善治的外在表现形式。治理有效性的经济学表述即是"社会利益最大化"[1]，治理过程中社会利益最大化的实现亦离不开良法的作用。

一方面，良法能够较好地分配社会利益。法律本身即是一种社会利益的分配机制。法律的基本内容在于设定权利义务，与权利相对应的为利益，与义务相对应的为负担，因此，法律通过权利义务的设置即可达到对社会利益进行分配的效果。如知识产权法规定知识产权的归属及其权利范围、婚姻法规定夫妻间的财产归属等，这都是法律对社会资源的所进行的分配。良法作为"体现了民主精神和公平正义价值、维护了人的尊严的法律"，[2] 其对社会利益的分配应更接近于正义的标准。在此基础上，治理活动严格依托良法开展，将良法所做的利益安排予以实现，那么我们就有理由相信，治理过程对社会利益的分配也是正义的。而在一个社会利益得到合理分配的环境中，人的趋利性本性即使其可愉悦地投入社会生产活动中，充分发挥其潜能，此时社会利益才有可能实现最大化。

另一方面，良法有利于建构利益平衡机制。现代社会更多的是一个具有整体性的组织体。在这个具有整体性的组织体中，每个个人都是与其他个人相联系的，处于连带关系之中。基于这种连带关

---

[1] 何哲：《"善治"概念的核心要素分析——一种经济方法的比较观点》，《理论与改革》2011 年第 5 期。

[2] 王利明：《法治：良法与善治》，《中国人民大学学报》2015 年第 2 期。

系的存在，法律即必须在关注个体权利的同时，将利益平衡纳入其价值体系之内，在个体利益与社会利益平衡之间进行取舍，最终将利益平衡作为其遵循的价值理念。良法即能够很好地处理各种利益之间的冲突。例如行政法中的协商机制、民法中的相邻制度等，都是用以平衡各方利益的制度安排。国家依托良法进行治理即可实现对各方利益的平衡，社会纠纷即有可能被控制在最低限度内，社会整体利益也才能够实现最大化。

四、立良法以行善治

既然法律是治国之重器，而良法又是善治的前提，那么，我们的依法治国在走过了"有法可依""有法必依"等历史阶段的当前，则必须走向"良法善治"的新阶段。换言之，在 2011 年时任全国人大常委会委员长吴邦国宣布中国特色社会主义法律体系已经形成之后，我国法制建设的重心即需要转向立良法以行善治。

（一）激活宪法监督机制

良法善治的基础和前提在于存在判断法之良恶的标准和机制。通常认为良法是符合正义标准的法律，但正义本身即具有"普洛透斯的脸"，这就使得判断的标准具有不确定性。因此，在宪政体制的范围内，法律的优劣与否一般以宪法为标准。这是因为，宪法被认为是接近于"神定法"的"人定法"，宪法的"高级法背景"

即是其被认为是正义的化身。况且就立宪国家而言，宪法当中往往明确宣示对人权的保护，并建立有权力制约机制。宪法的这种"高级法背景"的存在即是其具备良法的核心因素。基于宪法最高效力的存在，在某种程度上，宪法即成为良法的判断标准，一部法律的优良与否首先需要看其是否具有宪法依据，能够体现宪法的权利保障和权力制约精神。从这个角度而言，"立良法"即需要激活宪法监督制度，从宪法的层面上消除恶法存在的空间。为此，《决定》要求，"完善以宪法为核心的中国特色社会主义法律体系，加强宪法实施"，"要恪守以民为本、立法为民理念，贯彻社会主义核心价值观，使每一项立法都符合宪法精神、反映人民意志、得到人民拥护。"

我国已经建立有宪法监督制度。在我国，虽然各级人民法院不能审查判决特定法律是否违宪或者是否正当，但是，根据《宪法》《立法法》和《各级人民代表大会常务委员会监督法》的规定，行政法规、地方性法规、自治条例和单行条例、规章在制定之后必须报上级有关机关备案，而上级机关也有权审查下级机关的立法的合宪性、正当性，具体而言，全国人民代表大会及其常务委员会有权撤销不正当的法律、行政法规、地方性法规、规章等，上级人民代表大会及其常务委员撤销下级人民代表大会及其常务委员、上级行政机关有权撤销下级行政机关的立法。

当然，尽管我国在法律层面存在较为完善的宪法监督机制，但这套机制在实践中并没有发挥其应有的作用。以孙志刚案为例，该案中的《城市流浪乞讨人员收容遣送办法》是明显侵犯公民人身自由的"恶法"，该法最终虽被《城市生活无着的流浪乞讨人员救助管理办法》取代，但这并不是宪法监督机制运行的结果，而是国务院进行"自我纠正"的结果，因此其宪法意义即大打折扣。因此，良法善治目标的实现即需要激活当前的宪法监督机制，是以《决定》提出："完善全国人大及其常委会宪法监督制度，健全宪法解释程序机制。加强备案审查制度和能力建设，把所有规范性文件纳入备案审查范围，依法撤销和纠正违宪违法的规范性文件，禁止地方制发带有立法性质的文件。"这即指明了激活宪法监督机制的方向，今后，我们应当围绕着这一方针，逐步完善我国的宪法监督机制。

［中国］孙志刚事件与《城市流浪乞讨人员收容遣送办法》的废除

2003 年 3 月 17 日晚上，任职于广州某公司的湖北青年孙志刚在前往网吧的路上，因缺少暂住证，被警察送至广州市"三无"人员（即无身份证、无暂居证、无用工证明的外来人员）收容遣送中转站收容。次日，孙志刚被收容站送往一家收容人员救治站。在这里，孙志刚受到工作人员以及其他收容人员的野蛮殴打，于 3 月 20 日死于这家收容人员救治站。许多媒体详细报道了此事件，并曝光了许多同一性质的案件，在社会上掀起了对收容遣送制度的大讨论。先后有 8 名学者向全国人大常委会递交审查《城市流浪乞讨人员收容遣送办法》的建议书，要求对收容遣送制度进行违宪审查。2003 年 6 月 18 日，国务院第 12 次常务会议通过了新的《城市生活无着的流浪乞讨人员救助管理办法》，同时废除了《城市流浪乞讨人员收容遣送办法》。

（二）完善听取意见机制

《决定》要求"要把公正、公平、公开原则贯穿立法全过程，完善立法体制机制，坚持立改废释并举，增强法律法规的及时性、系统性、针对性、有效性"。并明确提出，"健全立法机关和社会公众沟通机制，开展立法协商，充分发挥政协委员、民主党派、工商联、无党派人士、人民团体、社会组织在立法协商中的作用，探索建立有关国家机关、社会团体、专家学者等对立法中涉及的重大利益调整论证咨询机制。拓宽公民有序参与立法途径，健全法律法规规章草案公开征求意见和公众意见采纳情况反馈机制，广泛凝聚社会共识"。这实际上即是要求通过广泛听取意见确保立法的民主性和科学性。立法过程中的听取意见也是《立法法》的要求，《立法法》第五条即规定，立法应当体现人民的意志，发扬社会主义民主，坚持立法公开，保障人民通过多种途径参与立法活动。至于具体的听取意见机制，除听证机制外，还可以从以下两个方面进行建构：

第一，立法前评估中的听取意见。立法前评估一般包括评估立法的必要性、合法性、协调性和可操作性，评估经济、社会条件对将要设立法律制度和规则的约束条件，评估立法对经济、社会和环境的影响。① 也就是说，立法前评估即主要包括两部分，即规范评估和社会评估，前者评估法律规范自身的合理性，后者则评估法律可能产生的社会效果。立法评估工作具有一定的专业性，但评估过程也不排除普通民众参与的可能。

第二，专家咨询程序。专家咨询程序是立法过程中的重要程序，其既有科学性的面向，也具有民主性的面向。也就是说，专家咨询程序一方面听取的是专家依其专业知识提出的意见，这些意见可能更符合于事物自身的规律，具有相当的科学性；另一方面，专家意见的听取也是民主性的要求，其才能使决策机关掌握更多的信息，做出更为合理的制度安排。而专家咨询也能够彰显立法的"客观性"、"理性"和"科学性"，因此能够增强民众对法律的信服。② 基于此，《决定》提出要建立专家学者等对立法中涉及的重大利益调整论证咨询机制，这对良法的制定和善治的推行具有重大促进作用。

---

① 参见席涛：《立法评估：评估什么和如何评估（上）——以中国立法评估为例》，《政法论坛》2012 年第 5 期。
② 参见郝战红：《立法过程中专家咨询制度的多维面相》，《法学杂志》2012 年第 2 期。

为什么有权力就有责任、有权利就有义务？

宋崇阳[*]

一、权力与责任

随着改革的推进，对权力与责任关系的认识不断加深，从以权力为中心的结构逐渐转变为权力和责任相统一的结构。早在 2003 年《中共中央关于完善社会主义市场经济体制若干问题的决定》中就指出："推进依法行政，严格按照法定权限和程序行使权力、履行职责。"2004 年《全面推进依法行政实施纲要》中进一步指出："权责统一。行政机关依法履行经济、社会和文化事务管理职责，要由法律、法规赋予其相应的执法手段。行政机关违法或者不当行使职权，应当依法承担法律责任，实现权力与责任的同一。依法做到执

---

　*　宋崇阳，中国政法大学法学院 2014 级博士研究生。

法有保障、有权必有责、用权受监督、违法受追究、侵权需赔偿。"再到党的十八大和十八届三中、四中全会，对权责统一的要求越来越细化。《中共中央关于全面推进依法治国若干重大问题的决定》中更是明确指出要"建立权责统一、权威高效的依法行政体制，加快建设职能科学、权责法定、执法严明、公开公正、廉洁高效、守法诚信的法治政府"。因此，正确认识"权力与责任"的关系是至关重要的。

（一）权力与责任的辩证关系

1. 权力

权力从国家层面可以分为立法权、行政权和司法权，依据宪法的规定，全国人民代表大会及其常务委员会行使国家立法权，国务院行使行政权，法院行使司法权。各地方人民代表大会及其常务委员会行使地方立法权，各地方人民政府行使行政权，各级人民法院行使司法权。在法治政府、责任政府的框架下，讨论的更多是行政权的行使问题。盖因行政权是与公民互动最多的权力，也是最容易侵害公民合法权利的权力。一方面，随着行政权的不断扩大，公民从出生到死亡无一不与行政权发生关系。随着社会发展的复杂化和政府职能的增加，行政权的权能也不断地得到扩展，从执法权不断的发展到行政立法权和行政裁决权，在一定程度上行政机关也行使类似于立法权和司法权的权力。另一方面，正是由于行政权在各个方面与公民产生互动，行政权侵犯公民权益的可能性也就相应增加。小到违章罚款，大到拆迁征地等都可能出现对公民权益的侵害。公民在面对代表国家行使行政权的行政机关时，往往处于弱势地位，对权力也就产生了畏惧心理。由于一些权力的滥用，使得公民的合法权益处于不特定的威胁中，为社会秩序的稳定埋下了巨大的隐患。

2. 责任

对责任的理解可以分为两个层面：其一是类似于"职责"的理解，即法律规定国家机关必须为或必须不为一定行为的要求。其二是违反前述要求而承担的不利法律后果。从第一层次理解，责任就意味着行政机关必须承担的义务，在法定情况下，必须做出相应的行为，否则就可能构成违法。例如法律对行政机关行使行政权力规定了相应的程序，行政机关就必须遵守这些法定程序，不能违反，不能克减。这种责任又可以分为作为和不作为，前者就是行政机关在法定情况下必须做出相应行为的要求，后者就是行政机关在法定情况下必须不能做出某些行为的要求。我们时常提到的不作为问题就是没有履行必须做出相应行为的要求，因而没有履行其应当承担的责任。从第二层次理解，责任就意味着行政机关应当承担不利的法律后果和否定性的评价。这个意义上的责任是与前一层次的理解紧密相连的。只有违反前一层次的责任才可能出现后一层次的责任。简而言之，行政机关如果违反法定的职责，相关的机关和人员就可能受到相应的处分等。因此，通常意义上讲的"承担责任"是这个层面的意思。而在权力与责任关系的层面，责任的意义应当同时具有以上两层的理解。

3. 权力与责任的辩证关系

权力与责任是一体两面的关系，不能也不应当单独存在，如果只有权力没有责任，则权力的滥用是无法阻止的。如果没有权力只有责任，那么执法者将无所适从。无论哪种情况的出现，都是对社会秩序稳定的巨大挑战，也都可能产生极大的不正义。从行政机关与公民之间的关系来看，主要出现的是有权利而无责任的情况，即行政权对公民合法权益的侵害问题，这种情况下对责任政府的要求也就越来越急迫。正如卢梭所说："政府存在于社会公众的期望中，它必须遵守一定的权利和义务，这些权利和义务是政府与社会之间契约的结果，因此，政府在行使权力时，不应忘记自己对社会的责任。"① 因此，政府在行使权力的同时必须要有相应的责任，从行政机关的内部关系看，主要出现的是权责分配不平衡的问题，很多时候具体执行职务的人员并没有相应的权力，他们很可能只是在执行上级的行政命令，而一旦出了不利后果，承担责任的人员往往是这些具体执行职务的人员，就出现了有责无权的情况。前者使得公民处于危险之中，后者则使得执法人员人人自危。权责统一原则，不仅解决的是行政机关与公民之间的问题，还牵涉行政机关内部的组织问题。

（二）对权力与责任的误解

1. 以案说法：乱作为与不作为

黑龙江省东宁县 2009 年提出"三年内拆除县城内剩余的 60 万

---

① ［法］卢梭：《社会契约论》，何兆武译，商务印书馆 2003 年版，第 18 页。

平方米平房"的要求，一位领导干部表示："这次拆迁大会全县四大班子领导全部参加并且表态，纪委、法院、公安局、建设局等领导都表决心全力支持强迁。"县长任侃还告诫"钉子户"：不要与东宁人民为敌，不要以卵击石。在拆迁过程中多次出现暴力拆迁，甚至还引起了拆迁户自焚的情况。①

自 2009 年 1 月以来，涟源市煤炭工业局下辖的 48 名乡镇安监员，先后以各种理由提出辞职。2008 年 12 月 17 日，涟源市伏口镇挂子岩煤矿发生煤与瓦斯突出事故，造成 18 人死亡。事故发生后，涟源市政府对一名安监员和一名驻矿干部当场做出下岗处理，且有两人被停职。这成为引发安监员集体辞职的导火索。②

2. 行政乱作为的逻辑分析

行政乱作为包括违法作为、不当作为和其他瑕疵行为等情况，对于违法作为来说，行政机关承担法律的不利后果是显而易见的。现实中经常出现的是滥用职权的行为，顾名思义，即行政机关对已经具有的职权的不当使用。每次不当的使用职权都会给公民的合法权益带来损害，影响政府的公信力。还存在例如行政权错位使用、越位适用等情况，但无论行政乱作为表现为何种形式，其具有共同的逻辑成因，也就是权责的失衡所导致的，明显表现为"有权而无责"的情况。

---

① 参见《黑龙江东宁拆迁"大跃进"县长抛出"卵石论"警告钉子户》，《南方周末》，http：//www.infzm.com/content/38955，2015 年 5 月 10 日访问。

② 参见《湖南娄底 48 名安监员集体辞职》，网易新闻，http：//news.163.com/09/0525/05/5A4U9I8B0001124J.html，2015 年 5 月 10 日访问。

对于乱作为来说，可以分为三个层次来看。其一，法律授予行政机关相应的权力，行政机关得做出相应的行为，但该行为是否是必要的或者正当的，行政机关不予考虑。其二，法律没有对授权的具体事项作出细致的规定，行政机关就可以在法定范围内进行自由裁量，无论该裁量权的行使是否恰当。其三，法律没有规定不恰当甚至违法行使权力的后果，即没有规定相应的责任，行政机关在行使权力时就可以肆无忌惮。行政机关乱作为的逻辑在于，行政机关可以做出相应的行为，在做出行为后又不必承担不利后果，那么行政机关选择作为，也就是水到渠成了。

在上述第一个案例中，也反映了相应的行为逻辑。首先，《城市房屋拆迁管理条例》规定："县级以上地方人民政府负责管理房屋拆迁工作的部门（以下简称房屋拆迁管理部门）对本行政区域内的城市房屋拆迁工作实施监督管理。县级以上地方人民政府有关部门应当依照本条例的规定，互相配合，保证房屋拆迁管理工作的顺利进行。"据此，县政府有权力对房屋进行拆迁。其次，对于县政府的权力范围，以及可以被拆迁的房屋范围和情形，法律、法规并没有非常明确的规定，县政府也因而获取了相当的自由裁量权。换言之，县政府可以通过归类的方式，把待拆迁房屋归于法定可以拆迁的范围内即可。最后，对于拆迁中侵犯被拆迁人的情况，法律、法规仅有给予拆迁人的惩罚，而对相关的政府机关则没有任何的责任限制。进而，现实情况是相关的政府机关多主持和实际操作拆迁工作，从而避免了法律的惩罚。

3.行政不作为的逻辑分析

行政不作为是行政机关基于法律的规定应当承担一定义务,做出一定行为,而行政机关没有履行相应的行为。一般认为行政不作为的构成要件包括以下几个:其一,行政机关负有法定的职责;其二,行政机关具有履行义务的可能性;其三,行政机关没有做出相应的行为。这种对不作为的理解是从行政诉讼的意义上进行的讨论,本处在更广义的范围内加以讨论,即不作为不仅包括对法定职责的不作为,还包括在自由裁量范围内的不作为。前者涉嫌违法的问题,后者则牵涉懒政、怠政等的不当行为。现实中两种情况都存在,而以后者更加普遍和难以规制。在不具有法定责任的情况下,很难要求行政机关主动进行一定的行为,更多的行政机关持"多一事不如少一事"的态度,致使行政机关的公共服务职能得不到发挥。究其原因,也在于权力与责任的不平衡。

一种情况是法律没有规定行政机关必须做哪些行为,即做或者不做都是行政机关的裁量范围。即法律赋予行政机关以相应的裁量权先,行政机关得以自由决定是否做或不做一定的行为。其二是法律规定,行政机关如果因其行政行为产生了危害后果,行政机关就必须承担法律的否定评价,进而承担责任。不作为的逻辑在于,法律没有规定作为义务,反而规定了不利后果的承担,行政机关自然而然地不会选择在可能承担不利后果情况下,做出行政行为。

另一种情况是权责之间的不平衡导致行政人员缺乏行为积极性。在案例二中,大规模出现离职的情况就是一个说明。首先,具体的执法人员在很多情况下并不具有决定权,大多是执行上级的命令，不得不做出某些行为。其次，具体执法人员做出行为之后，如果没有出现不利后果，执法人员没有奖励；如果出现不利后果，则执法人员很有可能要承担极其严重的法律后果。最后，因做好无奖励，做坏进监狱，执法人员在执法过程中多会选择不作为。

（三）构建权责平衡的行政体制

建立权责平衡的体制关键在用责任制约权力，对于责任的设定可以从两个层次加以区分。其一是行政机关的责任。行政机关作为代表国家行使行政权的机关，对其作出的决策应当承担相应的责任。我国《宪法》规定国务院对全国人民代表大会负责并报告工作，地方各级人民政府对本级人民代表大会负责并报告工作。这意味着行政机关在整体上对人民代表大会负责，如果行政机关不能履行职责，将承担相应的责任。其二是行政人员的责任。其中大致可划分为决策责任和执行责任。实践中经常出现的问题在于决策责任和执行责任的不对等。决策者行使权力却经常不承担责任，执行者没有决定权却经常承担不利后果。

因此，构建权责平衡的行政体制要注意以下几点：首先，从行政机关层面加以考虑，要明确权力内容，规范权力的运行。只有明确的权力内容，才能使得权力看得见摸得着。建立权力清单制度，不仅需要明确权力的内容，还要明确权力的来源，真正做到依法而行，任何行政权力的行使都有法律上的依据。公民也可明确行政权行使的内容的和范围，对权力的行使加以监督。其次，从决策责任的层面加以考虑，要建立相应的问责体制。权力滥用的很大一部分原因就是有权无责，建立行政问责体制，给权力的运用套上枷锁。党的十八届四中全会《决定》中明确要求"建立重大决策终身责任追究制度及责任倒查机制"，用责任限制决策的权力，从而实现决策中的权责统一。强调决策的责任一方面可以推动决策者在决策过程中更加谨慎，在使用权力过程中更加慎重；另一方面可以区分决策责任和执行责任的分担，因决策失误的责任不应当由执行者承担，执行中出现的问题，也应当责任到人。最后，从个人责任的层面加以考虑，要求具体执行人依法行政。具体执行人才是与相对人直接产生互动关系的主体，言行代表着行政机关。不仅要求其在行为中符合法律的规定，还要符合道德的要求。建立恰当的追责体制，减少具体执行人员承担决策责任，打消具体执行人的顾虑，从而减少行政不作为的出现。

二、权力的行使与道德责任

国家在行使权力的过程中，不仅要承担法律责任，还要承当相应的道德责任。行为没有违法是法治的基本要求，但仅仅只追求行为不违法并不能完成对行为正义性、正当性的证成。在大量存在裁量权的现代社会，不违法的行为也可能导致严重的不正义。仅对不违法的追求导致僵化的适用法律条文，不考虑其他规范的要求，也就有可能得出不可接受之结果。

（一）以案说法："见义勇为"的无奈

2014 年 4 月 7 日，15 岁的张鑫垚在校外和一名崴脚的女同学打招呼时，突见一辆轿车向人行道猛冲过来。他奋力推开女同学，自己却身受重伤。经过几个月治疗，张家仅医疗费就花了 30 万元，但张鑫垚还是落下了右眼失明、左眼视野缺损的残疾，同时还因伤导致尿崩症、心跳过速和记忆力衰退等病症。小张救人受伤后，其姑姑张女士一直为他张罗着申报"见义勇为"称号，然而葫芦岛市连山区综治办以张鑫垚未成年为理由，对其申请不予认定。①

（二）法律与道德分离的倾向

在行使权力的过程中中经常出现一切唯法律文本论的倾向，即僵化地适用法律条文，在执行法律中只以合法性为唯一目的，而不考虑具体情况和道德要求。思想根源在于把法律与道德完全割裂，认为法律是与道德无涉的规则，这也正是分析实证主义最为核心观点——法律与道德的分离——的体现。除此之外，分析实证主义还具有以下几个特征：首先，这种观念只关注"实在"的法律，不关注"应然"的法律。只是分析法律结构，"而不是从心理上或经济上解释它的条件或从道德上或政治上对它的目的进行评价"。② 其

---

① 参见《救人重伤致残却因年龄不够不能评"见义勇为"》，网易新闻，http://news.163.com/14/1114/02/AAVRD84S00014Q4P.html，2014 年 11 月 27 日访问。

② ［奥］凯尔森：《法与国家的一般理论》，沈宗灵译，中国大百科全书出版社 1999 年版，第 2 页。

次，他们关注法律规则背后的强制力和约束力。① 即认为法律的来源就是国家，唯有国家赋予强制力才能是法律，缺乏执行机力和拘束力的东西，不能被视为法律。② 也就是说，只要通过恰当的程序使法律获得效力，那么该法律就是正当的，就可以被用来调整人们行为。

受到分析实证主义的影响，执法者在遇到应当处理的问题时，脑海中所反映的是"法律是什么"的问题，对于法律所希望达到之目的，则是不甚考虑的。或者说，执法者仅仅只需要按照法律的规定行事就万事大吉，至于执法的结果是否照顾到价值判断、道德影响就不是他们所关注的了。依据分析实证主义的观点，甚至可以认为，执法者活动中的唯一准则就是法律，其内心的道德判断不能产生任何影响，因而也就出现极端规范主义的结果，做出引发巨大争议的决定，就不足为奇了。更是由于道德本身不具有国家强制力，在出现可能的法律与道德的紧张情形下，执法者自然而然选择法律，而忽视道德评价也就可以理解了。另外，对执法者的行为的审查大多局限于合法性审查，很多情况下仅以是否合法为判断标准，而合理性的审查却多有局限。这样的审查方式在潜移默化地引导执法者仅关注其行为的合法性问题，对合理性问题不予过多的考量。

案例中的情况就是一种较为典型的做法，行政机关作出不予认

---

① See Roscoe Pound, "The Scope and Purpose of Sociological Jurisprudence", Harv. L. Rev. Vol. 24, 1911, p.595.

② 参见［英］奥斯丁：《法理学的范围》，刘星译，中国法制出版社 2002 年版，第 22—24 页。

定见义勇为的决定的理由是施救者的年龄未满 18 岁，不是完全民事行为能力人，且《辽宁省奖励和保护见义勇为人员条例》中并未规定是否可以授予未成年人"见义勇为"称号，因而不予认定。从法律的层面来看，行政机关作出的决定，无论从程序上，还是法律依据上都没有出现违法的情形，行政机关在法律未明确的地方，在适用中对其进行限缩解释也是合乎法律的。分析连山区综治办作出决定的逻辑就可以看出分析实证主义的影响。大前提是法律没有规定授予未成年人"见义勇为"称号，且存在不鼓励不提倡未成年人见义勇为的政策。小前提是张鑫垚是未成年人。结论自然而然就是不能授予张鑫垚"见义勇为"称号。

如果以决定的合法性为基点进行推导，在做出最终结论时需要权衡授予决定与不授予决定机关行为性质的影响，可能出现两种情况：一是如果完全依法作出决定，无论相对人是否支持其决定，该决定的合法性是无法质疑的。二是如果授予张鑫垚"见义勇为"称号，则可能违反政策，甚至可能出现被认定违法的情况。按照这种僵化的合法性推理逻辑，连山区综治办依据法律的规定，作出不予认定"见义勇为"称号的决定，就是顺理成章的。

无论以哪种逻辑来看，不予授予张鑫垚"见义勇为"称号的决定都是合法的。但问题是，这样一个完全合法的决定却得不到社会的认可，也得不到行政相对人的理解。其根源就在于，行政机关在作出行政决定时，没有考虑到可能出现的价值判断和道德要求。法律不能遗世而独立，不可能完全不受到道德的影响。见义勇为自古以来就是一种崇高的道德要求，无论何时，对见义勇为行为的道德评价都是极高的。案例中的张鑫垚更是由于见义勇为的行为遭受到了巨大损害，在道德体系中更是应当受到赞扬。葫芦岛市连山区综治办的决定虽然符合法律的规定，但经不起道德上的推敲。首先，道德上并不以是否具有完全行为能力作为区分标准，无论某人是否具有完全行为能力，都不妨碍其道德上的评价。其次，见义勇为者"流血又流泪"的结果也不符合道德上的认知。善有善报是道德评价中的一个共识，见义勇为者的善行却得不到善报，是社会道德所不能接受和容忍的。最后，连山区综治办不认定张鑫垚见义勇为的理由之一是"不鼓励也不提倡未成年人见义勇为"，这样的决定理由是没有说服力的。不鼓励未成年人见义勇为的政策与对已经发生的见义勇为的确认并不矛盾，通过法律技术是完全可以解决的，例如对张鑫垚的行为进行认定，使得张鑫垚可以享受应得的保障，但对其事迹不宜进行大量的宣扬。

（三）行使权力要考量道德因素的影响

法治国家中，执法者在行使权力之时需要一定的裁量权，以应对纷繁复杂的社会生活。在行使裁量权的过程中，必须要合乎道德的价值判断。质言之，执法者适用法律之结果，是否能够经得住道德层面的判断，即道德应当成为判断法律实施效果的一个标准。有学者认为"法律规则与道德规则是两个不同层次的行为规则……在合理性原则中探讨道德规则从操作层面上讲是没有意义的"①。在法

---

① 参见关保英：《论行政合理性原则的合理条件》，《中国法学》2000 年第 6 期。

律体系的框架下，此种观点是有道理的。而在法治与德治这个更为宏大的视野下，法律必须要受到道德的评价。无论从立法到行政再到司法，整个法律运行的过程无不受到道德的价值判断。因而才会出现"恶法"与"良法"的区分、执法方式的选择以及司法裁判的可接受性等问题。在此处，跳出行政合理性理论的窠臼来理解"合理"，可能更为恰当。现实生活中，法治与德治的施行，可以贯穿于所有法学各部门，仅以行政合理性的相关理论阐释法治与德治的关系，略显狭窄。将"合理性原则"略作抽象，以行政合理性原则为基础，但又高于该原则，对"合理"进行理解，更能够符合法治与德治的精神。

面临的首要问题就是：何谓"合理"？从行政法的层面来看，行政合理性原则建基于对行政自由裁量的控制，其核心内容是行政权的行使不仅要合乎形式的法律，而且要合乎"理性"和"公正"之公共"法理"，合理性是现代行政法治精神的应有内涵。这里的合乎理性应理解为行政权的行使应符合立法目的，法律的一般原则，事物发展的内部法则和规律，社会生活日常之公共情理和一般社会道德准则。① 从反面来说，不合理是"如此无逻辑或所认可的道德标准，令人不能容忍，以致任何认真考虑此问题的正常人都不会同意它"。② 无独有偶，民法中的理性第三人的判断标准，也是采用类似的观点，即站在一个理性第三人的角度是否可以容许或接受同样

---

① 参见张明新、谢丽琴：《论自由裁量权膨胀条件下的"行政合理性原则"》，《南京社会科学》2000 年第 7 期。

② 转引自胡建森：《行政法学》，法律出版社 1998 年版，第 77 页。

的结果，并以此来衡量法官对合同做出的解释。刑法中的排除合理怀疑，在更高层面对合理进行了阐述，"合理的怀疑，是指合理谨慎的人在面对人生中重大、重要事件的时候，把所提示的事实当作真相，在据此采取行动之前，止步不前、踌躇徘徊的这样的怀疑。你们在没有偏颇地、充分地、公正地考虑了所有证据之后，必须在道德确实性的程度指出被告人有罪"。① 行政法、民法和刑法等部门法中"合理"均与道德评价相关，符合人们的道德要求，在处理"可疑"之事时，都发挥着重要作用。简言之，超脱部门法的"合理"与道德有着直接的关系，道德应当是判断是否"合理"的重要标准。

因此，"一切行为都没有违法"的命题，并不意味着行为的正当性，更不意味着行为的道德性和可接受性。行为必须经过道德价值的评判，才能够确定行为是否符合道德，以做出能被社会所接受的行为。在法治的过程中，不能再仅仅以是否合法作为唯一准则。

三、权利与义务

权利、义务是法律中的最基本范畴，权利与义务也是社会生活中人与人相处的基本界限。从启蒙时代开始，对权利和义务的讨论就已经开始，尤其在对抗封建制度，追求自由的过程中，权利的观念发挥了极重要的作用。随着法治进程的发展，对权利、义务的

---

① 龙宗智：《中国法语境中的"排除合理怀疑"》，《中外法学》2012 年第 6 期。

研究不断深入，人们的观念逐渐从"义务本位"转向"权利本位"。但社会生活的复杂性又导致不能简单地理解权利义务之间的关系，需要对其进行辨别和分析。

（一）权利与义务的辩证关系

1.权利

法律权利是规定或隐含在法律规范中，实现于法律关系中，主体以相对自由的作为或不作为的方式获得利益的一种手段。[①] 这一含义从三个层次加以理解：首先，权利是法律规定的，也就是说，权利的类型、内容等方面是法律授予的。缺乏法律保护的权利只是抽象的，当此类权利受到侵害，法律很难提供相应的救济。我们所承认的权利乃是具体的、现实的，当权利受到不法侵害，公民有权请求国家机关的救济。其次，权利是处于法律关系之中的。离开了具体的法律关系，我们很难判断权利的具体内容和权能。只有在具体的法律关系中，才可以确定权利义务关系，从而辨明某些社会关系中的内容和要求。最后，权利是一种相对自由的作为或不作为。在权利的语境下，公民具有的一定的选择权，即可以依据自己的判断做出或不做出一定的行为，也可以要求他人做出或不做出一定的行为，以实现自己的利益。这是法律赋予的。权利的实行意味着自由，缺乏权利保障的社会，对自由则是巨大的危害。现代法治社会中，法治体系的建立大多是基于对权利的保障，各项制度都是从保

---

① 　参见张文显主编：《法理学》，北京大学出版社、高等教育出版社 2009 年版，第142 页。

护公民权利的角度加以设计，这也是法治的基本要求。

2. 义务

法律义务是设定或隐含在法律规范中、实现于法律关系中，主体以相对抑制的作为或不作为的方式保障权利、获得利益的一种约束手段。① 对义务的理解可以分为两个层次，第一性义务和第二性义务。第一性义务是与权利相对的概念，权利意味着自由，义务意味着羁束，义务也是对权利的限制。对第一性义务可以做以下理解：首先，义务也是由法律规定的，对于义务的规定要求较高，对于公民来说"法不禁止即可为"，对于公民权利的克减则必须由法律来规定。除非基于法律或公民为自己设定义务（合同等），其他任何组织和个人不得强加于公民以义务。其次，义务是一种必需的作为或不作为，在这个意义上来看，义务人没有选择的余地，必须为或不为一定的行为。最后，履行义务意味着是对权利的保障。只有权利人，没有义务人，则权利无法实现。不通过义务人履行义务，权利人的权利也是抽象和虚幻的。因而，履行义务是法律的要求，也是权利人实现其权利的主要途径。第二性义务是依赖于第一性义务的，即如果义务人没有依据法律履行其义务，从而使权利人实现其权利。义务人就会受到法律的否定性评价，法律则强制义务人履行其义务，对义务人法律上的羁束也正体现于此。缺乏第二性义务的义务，也是对权利的损害，缺乏强制要求义务人履行义务的手段，权利人的权利也无法得到充分的保障。

---

① 参见张文显主编：《法理学》，北京大学出版社、高等教育出版社 2009 年版，第 142 页。

3. 权利与义务的辩证关系

正如卢梭的名言"人生而自由，却无往不在枷锁之中"，从权利义务关系的角度来看，自由就是权利，枷锁即是义务。因而这句话可以转化为：人生而具有权利，却无往不在义务之中。首先，不存在无权利的义务，也不存在无义务的权利。对于个体来说，可能只享有权利而不需履行义务，但从法律关系的整体中来看，一个法律关系是由权利与义务共同构成的。即使权利人不需履行义务，而相对的义务人则必须履行义务，否则权利人的权利无法实现。在大多数情况下，权利人又是义务人，在一个法律关系中可能出现许多不同的具体权利义务，公民很可能既有权利，又要履行义务，从而实现权利、义务的统一。其次，权利是通过义务的履行而实现的。权利得以基于自身利益而要求他人为或不为一定的行为，在一对权利义务关系中，义务的履行就意味着权利的实现。事实上，缺乏义务人履行义务，权利的存在也就毫无意义。例如某公民对一部手机有所有权，其他公民就负有不得任意占有、使用、处分该手机的义务，正是由于这些义务的存在，手机的所有权才有意义。最后，权利义务的主体是平等的。法律面前人人平等，意味着法定的权利义务都是平等的，不能因为权利义务的分配问题和特性，就武断地认为权利人要优于义务人。权利义务的分配是基于法律进行的，权利人和义务人在法律关系中的地位并没有高下之分，即使发生争议进入诉讼，当事人的法律地位依然是平等的。权利人与义务人也可能发生转化，例如在买卖合同中，买方有取得货物之权利，同时也有支付价款之义务。正如我国《宪法》第三十三条规定："任何公民享有宪法和法律规定的权利，同时必须履行宪法和法律规定的义务。"权利义务之间是紧密相连的，有权利就有义务。

（二）权利与义务的误读

1. 以案说法：绝对的"法无禁止即可为"

原告孙某与被告姚某、郝某是楼上楼下的邻居，他们小区90%以上的业主都将空调室外机安装在自家飘窗下方。2006年7月12日，姚某、郝某将空调室外机安装在孙某家飘窗下方，由于空调室外机噪声大，影响了孙某的工作和生活。由于二被告拒绝将空调室外机拆除，于是孙某将二被告诉至河南省郑州市中原区人民法院请求将空调室外机拆除。

河南省郑州市中原区人民法院经审理后认为，虽然在原、被告居住的小区，物业公司对空调室外机的安装位置没有明文规定，但根据空调室外机安装规范以及人民的正常习惯，空调室外机应该安装在自己家的飘窗下方。二被告将空调室外机安装在原告家的飘窗下方，侵犯了原告的合法权益，给原告的工作和生活带来了不利的影响，影响了楼上、楼下居民的和谐关系。且经过现场勘验，二被告楼下邻居及小区大部分业主也将空调室外机安装在自家飘窗下方，故被告的辩称不予采信，原告的诉讼请求应予支持。

河南省郑州市中原区人民法院判决被告于判决生效后十五日内将其安装在原告主卧下方的空调室外机拆除。

2. 权利滥用的逻辑

公民的权利意识随着法治的进展也不断的提高，公民对于权利的要求和期待也是越来越高。权利的行使是否是无限的？答案是否定的。通过上文的叙述可以发现，权利的实现意味着存在相应的义务，权利的行使依赖于他人对自身权利的克减。法律在授予公民某项权利的同时，就剥夺了他人的一些利益。"极端的权利，最大的非正义。"① 权利的授予是为了公民得以自由地生存，而非用来侵犯他人的合法权益。如果权利人任意地使用权利，对他人的利益造成损害，则这样的权利行使就不是正当的，不应也不会受到法律的保护。《宪法》第五十一条明确要求："中华人民共和国公民在行使自由和权利的时候，不得损害国家的、社会的、集体的利益和其他公民的合法的自由和权利。"基于此，权利的行使是有限的。

那么，问题来了，权力行使的界限在哪？从宪法中看，权利的行使以不损害国家、社会、集体利益和其他公民合法的自由和权利为界限，这种界定过于宽泛和抽象。具体说来，可以通过以下几个标准加以确定：①是否恶意地行使权利。权利人在行使权力时，如果在主观上具有恶意，即以损害他人合法权益的意图而行为。②是否具有正当利益。行使权利可以获取利益，这种利益应当是基于法律获取合法行为而取得的正当利益，如果为获取不正当利益则行使权利，则该权利是滥用。③是否违反权利存在的目的。法律赋予公民某项权利是基于社会利益和公共利益的考虑，权利人在行使权利时必须考虑到设定权利的目的。违反权利设定目的的做法也有可能构成权利滥用。④是否符合侵权行为的构成要件。权利的滥用实质

---

① ［法］雅克·盖斯旦、吉勒·古博：《法国民法总论》，陈鹏等译，法律出版社2004年版，第701页。

上可以被归类为侵权行为，其权利的行使侵犯到他人的合法权益，是否侵权也是判断权利滥用的标准之一。

权利滥用的构成要件可以包括以下几个：首先，要有权利的存在，如果公民不具有权利，那么权利滥用就没有发生的可能性。其次，行为人在主观上要存在过错，即行为人要有故意或过失，否则权利的滥用很可能只是某种意外。再次，行为人要做出具体的行为，法律关注外部行为的问题，对于人的思想不加以处罚。最后，要有损害后果。权利人滥用权利的行为需要存在客观的损害结果，否则在法律上无法对其行为所引发的结果加以判断。上述案例中，被告把空调安装在原告飘窗下的行为正是权利的滥用。从权利滥用的构成要件来看：首先，被告基于房屋的使用权，有权将空调的分机安装在其墙外。其次，被告明知其行为可能给原告带来不利的影响，也正是此原因，被告才不将空调分机安装在自己的飘窗下。再次，被告现实的已经将空调安装在原告的飘窗下，做出了损害行为。最后，由于被告的行为，原告的生活受到了严重的影响。由于被告对权利的滥用，其依法承担了不利的后果，因而，在权利的行使过程中，要承担尊重他人合法权利的义务和不得滥用权利的义务。

四、权力与责任、权利与义务的相互关系

虽然权力与责任、权利与义务是两个范畴的概念，事实上，权利与权力、权力与责任、权利与义务之间都有紧密的联系。可以

说，法律体系就是在处理权力、权利、义务、责任的规范体系。分析其间的关系更有助于我们树立有权力就要有责任，有权利就有义务的观念。

通过上文可知，权力的行使在国家机关，权利的行使在公民，两者本不相同，但之间有着相通之处。从社会契约的角度来看，公民首先生而具有权利，为了社会秩序的问题，公民把自己的权利让渡出来，自愿组成政府，这部分让渡出的权利就成为了权力。公民与政府之间通过权利与权力的关系成立契约，政府以权力管理社会，但不得侵犯公民的权利，公民在行使权利时要遵守社会的秩序，服从政府的管理。从民主的角度来看，公民是国家的主人，通过组成代议制机构行使国家权力，代议制机构进行立法，政府依法而行，实际上政府是依据公民的意愿而行为的。简言之，国家的权力来源于法律，法律又是公民意志的体现。因此，权利与权力的关系可以概括为：首先，权力来源于权利。无论从社会契约的角度，还是从民主、法治的角度来看，公民权利是第一位的，国家权力是第二位的，公民权利是国家权力的源泉和支柱。其次，国家权力不能侵犯公民权利。因国家存在的目的之一就是维护公民权利不受到侵害，维护社会秩序以实现人的发展。如果国家权力侵害到公民权利，就违背了设立国家的初衷。最后，公民权利的行使也要服从法律和国家依法进行的限制。公民权利的行使不能违反法律，不能侵犯他人的合法权益。公民之间的权利是平等的，在行使权利时也要尊重他人的权利，采取相对谦抑的态度。

如上所述，设立国家的目的之一就是要保护公民权利，国家提供的各项公共服务也是为了公民得以更好地行使权利。因此，从责任的第一层面看，国家有保障公民权利不受侵害的责任，《宪法》第二章的内容就是赋予公民权利的，并且把国家保障人权写入《宪法》。国家既有保证他人不得侵害公民权利的责任，还有保证国家自身不侵害公民权利的责任，当公民权利受到不法侵犯时，国家也有责任提供相应的救济。从责任的第二层面来看，如果国家没有履行保障公民权利的责任，那么国家就应当承担不利的法律后果。如果国家侵害到公民的权利，公民可以通过法律途径，迫使国家履行相应的责任，或承担赔偿的责任等。可以看出，权利的正常行使和保障，离不开责任的要求，国家承担的各项责任，也是为了权利的保障。国家的责任恰恰是公民的权利。

国家在行使权力、治理国家的过程当中，公民也有服从的义务。国家依法行使权力时，即使对公民的权利有所克减，只要国家没有违法行为，公民就有忍耐的义务。盖因，基于民主法治的原则，国家权力和公民义务都是法律赋予的，国家权力带有公共性，从某种角度来说，公民义务也带有一定的公共性。公民依法承担某些义务，是为了社会秩序的稳定和保障国家、社会等集体利益的需要。既然公民通过代议制机构制定法律，法律授权于国家，那么公民服从国家权力就是服从法律，最终是服从公民集体的意志。从这一层次理解，国家权力与公民义务之间也有着紧密的互动。

为什么要依法全面履行政府职能？

张效羽[*]

　　"依法全面履行政府职能"，是《中共中央关于全面推进依法治国若干重大问题的决定》（以下简称《决定》）第三部分"深入推进依法行政，加快建设法治政府"中第一条要求。《决定》将"依法全面履行政府职能"作为法治政府的首要要求，有很强的针对性。现代国家对于政府的要求是非常巧妙的，一方面要求政府必须是有限政府，要反对政府之手凭权任性包揽一切；另一方面现代国家又离不开政府，政府的作用在现代社会越来越不可替代，因此如何处理政府"有限"和"有为"的关系，就是法治政府建设的头等问题。在我国法治建设实践中，有关政府在国家治理中的作用问题，也一直存在争议。有人认为政府管得越少越好，有人则认为政府的作用

---

[*]　张效羽，国家行政学院法学教研部副教授。

只能强化不能弱化。随着近段时间各地规范政府的举措越来越多，有些地方政府也出现了不作为的现象，甚至觉得依法行政就是束缚住了政府的手脚。为此，《决定》将"依法全面履行政府职能"作为法治政府的首要要求，就是要统一思想，用法治思维和法律方法解决"政府在国家中作用"这一法治政府建设的根本性问题，提出政府既不在大也不在小，关键是依法全面履行政府职能。对此，我们必须全面、准确地学习领会。

一、我国长期存在的政府越位、错位、缺位

回顾新中国成立以来行政体制改革的历史，就会发现关于政府的作用、关于政府与市场社会之间的关系、关于政府各层级各部门之间的作用，我们一直处于摸索状态，有过不少教训，也积累了一些经验，其中有关政府越位、错位、缺位问题的解决，在我国行政体制改革中居于中心地位。

（一）政府越位

所谓政府越位，通俗地讲，就是政府管了不该管的事情。所谓"越"，就是超越了政府职能的范围，政府的手伸得太长，管到了本应当由市场、社会、公民自我管理的事情。我国自从上世纪七十年代末开始的改革开放，首先就是从解决政府越位开始的。

中华人民共和国成立之后，建立起了高度集中的政治经济社会

体制，使得全中国的政治、经济、文化、社会等事务，几乎都纳入了政府的管理范围，小到一盒火柴的价格，都需要政府来决定。这种高度集中于政府的体制，对我国社会经济从战争中迅速恢复，具有进步意义。但随着我国社会经济的持续发展，由政府包揽一切的做法，显得越来越没有效率。邓小平同志曾经深刻指出，"我们的各级领导机关，都管了很多不该管、管不好、管不了的事，这些事只要有一定的规章，放在下面，放在企业、事业、社会单位，让他们真正按民主集中制自行处理，本来可以很好办，但是统统拿到党政领导机关、拿到中央部门来，就很难办。谁也没有这样的神通，能够办这么繁重而生疏的事情"。[①] 因此，我国改革开放的一个维度，就是逐渐将能够由市场调节的事务交给市场调节、将能够由社会自治的事务交给社会管理、将能够由公民个人承担成本的事务交由个人选择。这一改革将市场、社会和公民个人活力极大地释放出来，取得了举世瞩目的成就。

但是，我国政府越位的问题并没有完全解决，解决政府越位还有相当长的一段路要走。比如，李克强总理指出："企业新上一个项目，要经过 27 个部门、50 多个环节，时间长达 6—10 个月，这显然会影响企业投资创业的积极性……国务院各部门还有大量行政审批事项，有些审批事项看起来让人费解，如对一些城市轨道交通设施的社会投资进行核准、对某些渔船船名进行核定等。这不仅包办了该由企业负责的决策，费力办了事，又不符合发展要求，还影

---

① 《邓小平文选》第二卷，人民出版社 1994 年版，第 328 页。

响政府形象。"① 正是因为看到政府越位的危害，本届政府着力推动简政放权、力行行政审批制度改革，承诺要将行政审批事项削减三分之一以上。这次《决定》提出全面依法履行政府职能，在具体的措施中就有简政放权的内容。

（二）政府错位

政府错位，是指政府虽然管的是应当管的事，但是在政府内部该项事务没有被分配给最适合管理该事务的政府机关或机构，比如本应当由地方政府管理的事务由中央政府管理，本应当由中央政府全国统筹的事务由地方政府各自为政。我国对于政府错位的认识，比政府越位要早，在新中国成立之初就意识到这个问题。

中华人民共和国成立初期，我们建立起了一个高度中央集权的体制，各地的经济社会事务几乎都有中央相关部门管理。在这种情况下，一切权力收归中央，地方政府往往缺乏积极性。况且，由于地方政府更接近被管理的单位和个人，很多事务也更适合下放地方管理。将适合地方管理的事务统统收归中央，就是一种政府错位。为此，毛泽东同志在 1956 年发表的《论十大关系》中第五对关系就是中央与地方的关系，其中指出："应当在巩固中央统一领导的前提下，扩大一点地方的权力，给地方更多的独立性，让地方办更多的事情……我们的国家这样大，人口这样多，情况这样复杂，有中央和地方两个积极性，比只有一个积极性好得多。我们不能像苏

---

① 李克强：《在国务院机构职能转变动员电视电话会议上的讲话》，《中国机构改革与管理》2013 年第 6 期。

联那样，把什么都集中到中央，把地方卡得死死的，一点机动权也没有。"[1] 但总体上看，新中国成立后到改革开放前这段时期，中央政府管得非常多，中央和地方的关系属于强中央集权的情况，政府错位比较严重。

改革开放以后，我国着力解决政府错位问题，中央向地方放权的步伐很大，但也出现了中央统筹无力的状况，这也是一种政府错位。随着我国经济社会的持续发展，尤其是全国性人员、资本、信息流动日益频繁，越来越多的事务呈现出全国性甚至国际性的特点。原本一些由地方政府为主解决的问题，现在需要中央政府的积极介入。在这种情况下，也要对各级政府的职能进行科学界定，哪些由中央政府为主负责、哪些由省级政府负责、哪些由市县政府负责，都要划分清楚。《决定》在有关依法全面履行政府职能的具体要求中，也有这方面内容。

（三）政府缺位

所谓政府缺位，就是政府该管的事情没有管或者管的力度不够大。自新中国成立以来，我国就有强势政府的传统，完全改变了中华民国时期国民政府软弱无能的局面。中华人民共和国各级人民政府在社会经济中居于无可争议的主导地位，并且拥有足够的手段实现行政意志。但是，我国仍然普遍存在政府缺位的情况，这主要是我国政府面对新问题、新挑战没有及时转变职能导致的。

---

[1]　《毛泽东文集》第七卷，人民出版社 1999 年版，第 31 页。

传统上，我国政府管理范围非常广，到了事无巨细政府都可以管的程度，理论上不存在缺位的情况。但是，随着经济社会发展的加速，新产业、新问题、新技术层出不穷，人民群众对物质文化的需求水平日益提高。这就要求政府及时调整行政资源的配置，适应时代的变化。比如在食品安全领域，新中国成立以来我国食品工业获得极大的发展，从人民群众吃不饱到提供大量人民群众可以承受的工业化食品，取得了很大的成就。但是，我国食品工业也存在质量要求不高、产业结构分散等问题，食品安全监管也长期以来没有得到政府的足够重视。在这种情况下，随着食品安全事件频发，人们忽然发现政府在食品安全规制领域投入的资源很不足，在食品安全规制领域出现了政府缺位。因此，要求全面履行政府职能，主要是政府职能结构化调整问题。

长期以来的政府越位、错位、缺位，使得我国政府一方面规模庞大居高不下、政府管得过多过杂过宽的现象普遍存在，各级政府不堪重负，市场活力没有得到足够发挥；另一方面，有关食品安全、环境保护等领域的政府监管羸弱、日常执法能力严重不足，相关领域违法事件层出不穷，人民群众意见很大。这次改革提出建设法治政府，就是要首先解决这个问题。正如习近平总书记指出的，"在整个改革过程中，都要高度重视运用法治思维和法治方式，发挥法治的引领和推动作用，加强对相关立法工作的协调，确保在法治轨道上推动改革"。①

---

① 习近平：《在中央全面深化改革领导小组第二次全体会议上的讲话》，《人民日报》2014年3月1日。

二、克服政府越位、错位、缺位需要依法全面履行政府职能

政府越位、错位、缺位是长期存在的，也是深化改革亟待解决的问题。我国历史上也多次着手解决这些问题，但经常陷入"一管就死、一死就叫、一叫就放、一放就乱、一乱就收、一收又死"的循环，集中体现在"一管就死""一放就乱"这两个方面：

第一，所谓"一管就死"，是指当某个领域乱象丛生的时候，合法权益受到损害的群众往往呼吁政府严加监管，在这种情况下，政府监管往往过度，扼杀社会市场活力，导致政府越位。比如，为了改变、遏制医药企业随意加价、医药企业和医院联手涨价暗中串通牟利的问题，我国自 2000 年开始，实行药品价格管制制度，对医保目录内药品和目录外特殊药品实行政府指导价（最高零售限价）管理。[①] 这一改革初衷是好的，但是随着医保药品目录涵盖的药品种类越来越多，使得我国药品生产销售市场中政府定价的因素越来越重。由于政府定价无法根据市场及时调整，使得一些基本药物出现生产者亏本的情况，严重阻碍基本药物的生产积极性，导致一些基本药物生产量萎缩、研发无力。为此，2015 年我国又重新开放大部分原政府定价药品的价格市场调节。

第二，所谓"一放就乱"，是指某项改革措施本来是激发市场

---

① 参见《国家计委关于改革药品价格管理的意见》（2000 年 7 月 20 日）。

活力的正确举措，但由于日常监管不到位，反而导致乱象丛生。比如，为了打破传统计划经济体制下高度集中的投资管理模式，发挥市场配置资源的基础性作用，国务院于 2004 年发布《关于投资体制改革的决定》（国发〔2004〕20 号），要求彻底改革现行不分投资主体、不分资金来源、不分项目性质，一律按投资规模大小分别由各级政府及有关部门审批的企业投资管理办法，对于企业不使用政府投资建设的项目，一律不再实行审批制，区别不同情况实行核准制和备案制。应该说，这项改革措施是非常正确、十分及时的。从实践中看，这项改革措施也极大地激发了市场活力，是我国 2005—2007 年度经济高速发展的重要体制原因。但是，由于我国在环境保护、安全生产等领域执法不严，又导致大量高能耗、高污染企业大量出现，直到出现大面积环境污染，各方面的意见很大。

如果我们仔细分析"一管就死、一放就乱"的原因，就会发现根源只有一个，就是政府活动没有完全按照法治要求行事，有权任性导致政府要么越位、要么缺位、要么错位。

"一管就死"的根源是没有依法管理。以 2000 年实施的药品价格管制为例，1998 年实施的《中华人民共和国价格法》第三条明确规定，价格的制定应当符合价值规律，大多数商品和服务价格实行市场调节价，极少数商品和服务价格实行政府指导价或者政府定价。第十八条关于行政府指导价或者政府定价的范围也做了严格限定，仅限于"与国民经济发展和人民生活关系重大的极少数商品价格"、"资源稀缺的少数商品价格"、"自然垄断经营的商品价格"、"重要的公用事业价格"、"重要的公益性服务价格"这几类，其中最宽泛的第一类，也就是"与国民经济发展和人民生活关系重大的极少数商品价格"，也有一个重要限定"极少数"。应该说，当时的国家计委于 2000 年将"医保目录内药品"全面列入政府指导价管理，本身就不符合《价格法》的规定，因为"医保目录内药品"实际上是我国药品生产销售的主流药品，对"医保目录内药品"实施政府指导价，已经完全不是对"极少数"商品实施价格管制。《价格法》是关于国家基本经济秩序的法律，但 2000 年实施的药品价格管制措施，没有完全贯彻 1998 年实施的《价格法》的相关规定，导致"一管就死"，2015 年又重启医药价格改革。

"一放就乱"的根源是没有履行法定职责。以我国 2005 年投资体制改革之后出现的乱象为例，2005 年国务院投资体制改革本身是正确的，因为市场主体如果运用非政府资本开展投资，应当主要由市场调节，政府不应当在投资环节过多干涉，毕竟投资的收益企业承担、投资风险也由企业承担，政府中间干预只会增加企业的投资成本，且不可避免地成为滋生腐败的温床。但是市场经济企业自负盈亏、自担风险并非意味着企业可以用自己的钱胡作非为。企业投资经营的企业，就算用自己的钱，如果损害到第三方的合法权益，政府也应当出手干预。比如企业投资污染项目，政府没必要在投资环节增加审批，但是如果该项目污染控制达不到相关标准，政府就要对其采取措施。实际上，我国 1989 年 12 月 26 日第七届全国人民代表大会常务委员会第十一次会议就通过了《中华人民共和国环境保护法》，就赋予政府有关部门履行环境监管的法定职责。因此，2005 年投资体制改革之后出现的环境恶化现象，不能归咎于投资体制改革，而是政府事中事后监管没有到位。"一放就乱"不是"放"的问题，而是事前监管放松之后，事中事后监管没有跟上的问题。

可见，我国长期以来存在的政府"一管就死、一放就乱"的怪圈，根本上还在于各级政府的活动没有完全纳入法治的轨道。如果政府活动没有纳入法治轨道，而是任由各级领导的关注而行动，就很难做到政府活动的规范化、理性化，政府越位、错位、缺位的问题就不可能得到有效解决。往往是，上级要求政府职能转变，下面就开始消极怠工造成政府缺位；上级要求坚决履行职责，下面就揽权、扩权，导致政府越位。对于有利可图的事项，各级政府争相管理，对于无利可图的事项，各级政府各部门相互推诿，这就是政府错位的重要根源。错位、越位、缺位的根源就是不依法，解决办法就是要确保政府的一切活动在法治轨道之内。习近平总书记曾经指出："各级政府一定要严格依法行政，切实履行职责，该管的事情一定要管好、管到位，该放的权一定要放足、放到位，坚决克服政府职能错位、越位、缺位。"①从这段话中我们可以看出，"克服政府职能错位、越位、缺位"，还是要做到"严格依法行政"、"切实履行职责"。因此，解决政府越位、错位、缺位不能仅仅依靠下命令、数指标，而必须运用法治思维和法律方法，予以通盘考虑、全面改革，要通过依法行政工作的推进，从体制机制上解决这个问题。这就是《决定》提出"依法全面履行政府职能"的深刻用意。

---

① 习近平：《在十八届中央政治局第十五次集体学习时的讲话》，《人民日报》2014年5月28日。

三、依法全面履行政府职能的重要意义

解决政府错位、越位、缺位问题，就是要使政府正位。那么什么是政府应该在的位置呢？就是"依法全面履行政府职能"。政府做到了"依法全面履行政府职能"，就是正位，就是不越位、不缺位、不错位，就实现了政府职能的转变。当前，在全面推进依法治国的背景下，"依法全面履行政府职能"具有以下重要意义：

（一）依法全面履行政府职能是法律实施的重要保障

"法律的生命力在于实施，如果有了法律而不实施或者实施不力，搞得有法不依、执法不严、违法不究，那制定再多的法律也无济于事。"① 我们当前要建设法治国家，简单地讲就是要建设一个法律在各个领域得到良好实施的国家。当前，我国在改革、发展、稳定方面还存在诸多值得改进之处，这其中法律没有得到有效实施，是当前各方面弊病的主要根源。

从法律实施的原理上看，法律实施可以分为依靠公民自觉遵守和依靠有关法律实施机关强力实施两类。从实际经验上看，历史悠久的法律以及大部分制定法，在大多数情况下都是依靠公民自觉遵守的。但是，法律毕竟只是遏制人性之恶的，而人性之恶普遍存在，因此总有一些人不会自觉遵守法律。而有些法律又是基于时代

---

① 中共中央文献研究室编：《习近平关于全面依法治国论述摘编》，中央文献出版社 2015 年版，第 57 页。

发展而新生的，人民群众对这些新法律也未必非常习惯，就更需要有关法律实施机关依法实施法律，迫使少数公民和机构遵守法律。组建常设机构专门执行法律，是人类政治文明的普遍做法，正可谓"对于那些一时和在短时期内制定的法律，具有经常持续的效力，并且需要经常加以执行和注意，因此就需要有一个经常存在的权力，负责执行被制定和继续有效的法律"。①

在我国，保障法律实施，是我国各级人民政府及其工作部门的主要职能。根据《中华人民共和国宪法》的规定，全国人大及其常委会的主要职能之一就是制定和修改法律，而"中华人民共和国国务院，即中央人民政府，是最高国家权力机关的执行机关，是最高国家行政机关"。可见，我国现行宪法对于政府、行政机关的定位，就是"国家权力机关的执行机关"。既然国家权力机关也就是各级人大及其常委会的主要职能是立法，则我国政府的主要职能就是执行法律。"依法全面履行政府职能"，首先就是履行政府作为法律实施保障机关的职能。各级人民政府及其工作部门是否有能力保障法律的有效实施，基本上决定了法律在我国社会经济生活中的实际落实情况。如果各级人民政府及其工作部门保障实施法律无力，则法律就成为一纸空文，好听的法律再多，法治国家也是空中楼阁；如果各级人民政府及其工作部门能够有力地保障法律实施，则法律就成为我国各族人民社会经济生活的真正指针，法治国家就基本建成了。

---

① ［英］洛克：《政府论》（下篇），叶启芳、瞿菊农译，商务印书馆2008年版，第91页。

（二）依法全面履行政府职能是巩固改革成果的必然选择

当前，我国正处深化改革历史时期，各项改革措施纷纷出台，社会经济上层建筑发展速度明显增快。以简政放权改革为例，自2013年以来，"国务院部门共取消或下放行政审批事项537项，本届政府承诺减少三分之一的目标提前两年多完成。……投资核准事项中央层面减少76%，境外投资项目核准除特殊情况外全部取消。工商登记实行先照后证，前置审批事项85%改为后置审批；注册资本由实缴改为认缴，企业年检改为年报公示。资质资格许可认定和评比达标表彰事项大幅减少。……有些省份进展较快，行政审批事项取消和下放比例超过一半、最高的达70%，有的省级非行政许可已全面取消"。① 可见，我国这一轮改革对于微观经济活动的事前干预，是下大力气予以削减的。

但是，我们也要见到，简政放权改革从来就不是一帆风顺的。除了在简政放权过程中采出现的"假简政"、"假放权"，对简政放权改革威胁最大的就是简政放权之后，事中事后监管不力，导致相关领域秩序混乱，直接威胁到简政放权改革的成果。实际上，简政放权并非不要政府，也不是削减政府的作用，而是改变政府作用的方式。传统上，政府习惯对社会经济活动进行事前把关，这种方式不利于激发社会活力，也会滋生腐败。我们搞简政放权不是搞无政府主义、不是让政府从此不管，而是让政府从主要从事前把关，转

---

① 李克强：《在全国推进简政放权放管结合职能转变工作电视电话会议上的讲话》，《人民日报》2015年5月15日。

移到主要从事中事后监管上来。政府对社会经济活动依法实施事中事后监管，就是依法全面履行政府职能的体现。如果政府削减了事前监管手段，而没有将事中事后监管能力提升上来，就会导致相关领域秩序发生混乱。届时，又有呼声加强事前监管，简政放权的成果就有付诸东流的危险。所以说，依法全面履行政府职能也是巩固改革成果的必然选择。

（三）依法全面履行政府职能是政府自身改革的重要内容

依法全面履行政府职能要求政府摆正位置，这本身就是政府自身改革的重要内容。应该说，我国政府长期以来存在的顽疾，很大程度上和管了太多不该管的事情、忽视了太多应该管的事情有关。依法全面履行政府职能就是要运用法治思维和法治方式，厘清政府职责，让政府真正转变职能，从全能政府转向法治政府、有限政府、服务政府。对此，主要有两方面要求：

第一，法无授权不可为，依法全面履行政府职能首先要"依法"，即政府一切活动都必须有法可依，法无授权不可为。

首先，政府一切行动都必须有法的授权。这里的"法"，既包括全国人大及其常委会制定的狭义法律，也包括行政法行规、地方性法规、自治条例、单行条例、国务院部门规章和地方政府规章。如果政府活动在法律、行政法行规、地方性法规、自治条例、单行条例、国务院部门规章和地方政府规章中找不到依据，就不能开展，否则就是管了不该管的事情，就是政府越位。

其次，政府特定行为必须得到特定类型法的授权。比如，根据立法法的规定，政府作出限制人身自由的强制措施和处罚，必须有法律授权且依据法律实施，仅仅得到法规授权是不行的。再比如，根据《决定》的要求，政府作出减损公民、法人和其他组织合法权益或者增加其义务的决定，必须有法律、法规依据，如果没有法律、法规依据，仅仅有规章作依据，政府无权作出减损公民、法人和其他组织合法权益或者增加其义务的决定。总的原则是，政府活动对公民、法人或其他组织利益干预越严重，其越要依据高级立法。

最后，政府获得法之授权的信息必须明明白白展示给人民群众。各级人民政府及其工作部门，无论是获得法律授权，还是获得法规、规章授权，都必须明明白白地展示给人民群众、接受人民群众的监督。具体言之，就是推进各级政府事权规范化、法律化，推行政府权力清单制度，使得政府能管什么、依据什么法、如何管等这些信息公开化。

综上所述，法无授权不可为，实际上就是要求行政机关服从立法机关（即法律、地方性法规、自治条例、单行条例制定机关）、下级行政机关服从上级行政机关（即行政法规、规章制定机关），行政机关没有立法机关的授权、下级行政机关没有上级行政机关的授权，不得凭借自己的意志开展行政活动。国家必须有规矩。我国幅员辽阔，各级政府及其部门众多，如果各级政府及其部门都可以凭借本单位本部门的意志运用国家行政权开展活动，就必然会出现政府管得太多，管了不该管的事情，这已经被我国几十年经验教训所证实。因此，必须推进各级政府事权规范化、法律化，完善不同层级政府特别是中央和地方政府事权法律制度，将各级政府及其部门依法可以干什么事情确定下来，使得各级政府及其部门根据法之授权行事，切实实现法无授权不可为。只有这样，才能真正解决长期以来困扰我们的政府越位问题。

第二，法定职责必须为。依法全面履行政府职能不仅要求政府依法受到限制，而且要求政府依法积极作为。法治政府既是有限政府，也是有为政府。政府的有为，在法治国家主要体现在积极执行法律、全面履行法定职责。"政府是执法的主体，对执法领域存在的有法不依、执法不严、违法不究甚至以权压法、权钱交易、徇私枉法等突出问题，老百姓深恶痛绝，必须下大力气解决。"[1]

首先，法定职责必须厘清。"法定职责必须为"的前提是，各级政府及其工作部门拥有的法定职责是清楚的。如果各级政府及其工作部门拥有什么法定职责不清楚，则谈不上法定职责必须为的问题，更谈不上全面履行政府职能。当前，我国各级政府及其工作部门拥有什么法定职责还存在诸多模糊之处。为此，党的十八届四中全会提出完善行政组织和行政程序法律制度，推进机构、职能、权限、程序、责任法定化。推进各级政府事权规范化、法律化。

其次，职责设置必须合理。"法定职责必须为"应当建立在职责设置合理的基础上，所谓职责设置合理，就是具体政府及其部门拥有什么职权，就要承担什么责任，同时要具备相应的资源，就是实现权责一致。如果职责设置不合理，有权无责或者有责无权，要

---

[1] 习近平：《在十八届中央政治局第十五次集体学习时的讲话》，《人民日报》2014年5月28日。

么"巧妇难为无米之炊"，要么"保障优厚无所事事"，都很难实现"法定职责必须为"。当前，我国法定职责设置合理化问题，首先是要解决自上而下各级政府的分工问题。要完善不同层级政府特别是中央和地方政府事权法律制度，强化中央政府宏观管理、制度设定职责和必要的执法权，强化省级政府统筹推进区域内基本公共服务均等化职责，强化市县政府执行职责。

最后，法定职责必须公开。科学、合理和清晰的法定职责，是政府及其工作部门履行职能的基础。但是我们也不能假设政府及其工作部门在法定职责设置科学、合理和清晰的前提下就会自动履行法定职责。实际上，离开了监督，政府也会偷懒。因此，必须建立各种监督机制，监督政府依法全面履行职责。这其中十分重要的就是社会监督，因为政府不依法全面履行职责的主要受害者是人民群众。要想让人民群众监督，就要公开政府的法定职责信息，制定政府权力清单，并且向全社会公开。只有这样，才能真正促使政府依法全面履行职能，才能有效消除权力设租寻租空间。

为什么"遵法"和"尊法"是对待法律的两种态度？

李红枫[*]

《韩非子》有句名言，"国无常强，无常弱。奉法者强则国强，奉法者弱则国弱"，习近平总书记曾经多次引用。所谓"奉"，可两解：一是尊奉，一为遵守。①

2014年10月23日，党的十八届四中全会通过《中共中央关于全面推进依法治国若干重大问题的决定》（以下简称《决定》），提出了"全面推进依法治国，建设中国特色社会主义法治体系，建设社会主义法治国家"的目标和实现这个目标的方略，指出"必须坚持党领导立法、保证执法、支持司法、带头守法，把依法治国基本方略同依法执政基本方式统一起来"，"必须使人民认识到法律既是保障自身权利的有力武器，也是必须遵守的行为规范，增强全社会

---

* 李红枫，华北电力大学人文与社会科学学院法学教研室副教授。
① 参见张铁：《让法治成为国家信仰》，《人民日报》2014年10月24日。

学法尊法守法用法意识,使法律为人民所掌握、所遵守、所运用"。《决定》使用了"尊法"这一表述,这是一个很强烈的"风向标",隐含了党的治国理念从"法制"向"法治"的转变,表明中央对于法治的认识是成熟而深刻的。理解这种转变的关键节点即在于对于"遵法"与"尊法"的认识。

一、"遵法"与"尊法"的比较

"遵法"与"尊法",一字之差,却有很大的差别,是对待法律的两种不同态度。

第一,基本内涵不同。"遵法",顾名思义就是公民在日常生活和工作中应当遵守法律,行使法律赋予的权利,履行法律规定的义务。而"尊法"的含义是尊重、信仰、遵守、使用法律。比较而言,后者的内涵更为广泛。

第二,出发点不同。"遵法",既可以是源自对"违法责任"的忌惮而被迫遵守,也可以是出于对法律规则的认同而自愿遵守。也即,"遵法"可以是被动的,也可以是主动的,但主要是被动的。而"尊法",则是源于对法律所倡导的基本价值观和道德观的内心认同,进而选择发自内心地去遵守法律规则、信仰法律规则、使用法律规则。

第三,性质不同。"遵法"是一种"他律",人们遵守法律的出发点是功利的,是为了享受法律的授益性规定给人们带来的权利和利益，而避免违反法律的强制性和禁止性规定给人们带来的负担。法律可以赋予人们权利，比如公民依《宪法》而享有选举权与被选举权，享有受教育的权利、休息的权利等等；法律也可以保护人们的合法利益，如《婚姻法》保护了人们的合法婚姻，《知识产权法》保护了人们的智力成果等。人们会因为法律给他们日常生活带来的权利、利益和稳定而去"遵法"。当然，法律也有强制性和禁止性的规定，比如公民有依法纳税的义务，如果采取不法手段偷逃税款将要承受法律责任，轻则行政处罚，重则刑事处罚。人们也会因为担心违法受到惩处而"遵法"。正是在这个意义上说，"遵法"基本上是一种他律，是人们功利选择的结果，是有着天然的趋利避害倾向的"经济人"的选择。

"尊法"是一种"自律"，是远较"遵法"更高的境界，是法治的基础和表现。西方有一句重要的法律谚语："一切法律中最重要的法律，既不是刻在大理石上，也不是刻在铜表上，而是铭刻在公民的内心里。""尊法"追求的就是这样一种把法律铭刻在内心的境界，它是法治社会的一种美好愿景，值得我们大力倡导，并在实际生活中去努力追求。①

从党的十八届四中全会《决定》中，我们也可以很明确地看到"尊法"的地位以及其与"遵法"的关系。《决定》提出："增强全社会学法尊法守法用法意识，使法律为人民所掌握、所遵守、所运用。"足见，"尊法"是一种"意识"，一种"观念"，具体来说就是"法

---

① 参见刘颖余：《从"遵法守法"到"尊法守法"》，中国青年网，http：//pinglun. youth.cn/wywy/shsz/201411/t20141104_5979993.htm，2014 年 11 月 27 日访问。

治意识"与"法治观念"。在"尊法"观念之下，要求人们去掌握、去运用、去遵守法律。可以说，"尊法"是"遵法"的意识根源，"遵法"是"尊法"意识的具体落实，是"尊法"的表现形式之一。从"遵法"到"尊法"，是对待法律的态度的变化，是行为到意识的升华，是"他律"到"自律"的进步，更是彰显了我们党治国理政思路的巨大转变。

二、从"遵法"转变为"尊法"的巨大意义

1978 年党的十一届三中全会提出了"健全社会主义民主，加强社会主义法制"的目标，确立了"有法可依、有法必依、执法必严、违法必究"的社会主义法制建设的十六字方针。这是党在接受了"文化大革命"的十年浩劫的惨痛教训之后，有针对性地提出的法制建设方针。邓小平同志强调："为了保障人民民主，必须加强法制。必须使民主制度化、法律化，使这种制度和法律不因领导人的改变而改变，不因领导人的看法和注意力的改变而改变。"[①] 如果说，当时党"依法治国"的工作重心还在建设和健全社会主义法制，那么 36 年后的党的十八届四中全会，党的"依法治国"的工作重心则转向了建设中国特色社会主义法治体系，建设社会主义法治国家。在党的十八届四中全会《决定》中，十六字

---

① 《邓小平文选》第二卷，人民出版社 1994 年版，第 146 页。

方针已经变成了："科学立法、严格执法、公正司法、全民守法。"这种转变是"依法治国"的全面升级，意味着从"遵法"到"尊法"的巨大变化。

党的十八届四中全会《决定》多次提到了"尊法"，这是在党的中央工作决定中首次正式提出这种表述。从"遵法"到"尊法"，只有一字之差，却反映了我们党在治国理政的思路方面的巨大转变，是我们党对如何建成法治国家在认识上取得的新的进步，这种转变进一步准确把握了法治国家的建设方向，尤其是指出了法治国家必然具备"社会公众对法律忠诚的信仰"这一关键因素。

"法律能见成效，全靠民众的服从"（亚里士多德语），培养公众对法律的崇高情感，是每一个法治国家的共同经验。任何一个法治社会，都存在一个社会公众普遍具有的共同的信仰，就是法治。法治作为一种信仰，其最基本的内涵即在于法治所倡导之精神应当为全社会成员所认可和尊重，通过法治程序颁布的法律应当被全社会共同尊为行为规则。没有社会公众对法治精神的信仰，法律就没有权威，犹如一纸空文，即使公众知法、懂法、遵法，也并非法律的真正实施。因为，若非出于信仰而遵法，那即是出于恐惧惩罚而遵法，若无真诚的信仰，那种遵法可能就会变成规避法律、钻法律的空子。因此全面推进依法治国，社会公众的尊法意识不能缺位。

"法治的最大障碍来自文化传统"，[①]中国几千年来在法律制度层

---

① 孙笑侠、胡瓷红：《法治发展的差异与中国式进路》，《浙江社会科学》2003 年第 4 期。

面上表现为行政司法一体化,在法律渊源方面表现为道德伦理高于法律规则。滋贺秀三教授将中国明清时期的法渊概括为"情、理、法"三方面,其中代表着中国式良知的"情理"是一种"最普遍的审判基准",而"正是人情被视为一切基准之首"。① 这与西方法治所倡导之规则之治、形式正义、程序正义完全不是一回事,甚至有天壤之别。再者,中国社会"权力本位"思想根深蒂固,人们以行政级别来区别人生是否成功,在"权大"和"法大"面前总会得出权力高于法律的认识(本书另有专章介绍),对法律缺乏信心、信任和认同,在面临纠纷时首先想到的是"找单位",即便是到了法院也要"找关系",很难自觉地寻找法律的保障,更难谈对法治的尊重和信赖了。同时,不可讳言的是,现行司法制度和实践中确实存在不少问题,司法公平、司法公正的实现还很困难。中国在这样背景之下走向法治,就不得不重视对社会公众法律情感的培养,激发他们对法律高度认同的热情,以社会公众内心的原动力支撑法治大厦的精神层面。在这样的现实面前,我们认识到"尊法"之必要,认识到社会公众对法律信仰的重要是何其珍贵,对法治建设是何其关键! ②

---

① [日]滋贺秀三:《清代诉讼制度之民事法源的概括性考察》,载[日]滋贺秀三:《明清时期的民事审判与民间契约》,王亚新等译,法律出版社1998年版,第39页。

② 参见空中野风:《从"遵法"到"尊法"》,《法律与生活》2013年第1期。

三、从"遵法"到"尊法"过程中存在的问题

仔细品味党的十六字方针的转变，从"有法可依、有法必依、执法必严、违法必究"到"科学立法、严格执法、公正司法、全民守法"，实际上给我们的工作提出了更高的要求，仅仅有法已经不够了，还必须"科学立法"，必须立"善法"。而老十六字方针的三个"必"字，其实隐含着"遵法"的初级阶段——由于执法严、违反必究而"遵法"。应该说，这是党在拨乱反正的特殊时期，针对当时的政治特点和人民对法律的认知水平而制定的有针对性的方针。必须通过严格的法律从外部要求人们去遵守，把人们从"文化大革命"的"无法无天"的思维中拉出来。当历史进入新时期，人们的思想意识、精神文化都已经发生了巨大的变化，这十六字的方针已经无法适应新的要求了。党的十八届四中全会提出的新十六字方针，其实正是这种变化的反映。从要求人们"遵法"转变到了引导人们发自内心地"尊法"。这就对我们的思想和工作提出了更高的要求，我们不能够停留在过去，用过去的思维来面对今天的高要求。由于人们的认识还处于转变阶段，思维的惯性还在继续，人们的日常工作中还存在诸多与"尊法"要求不合拍的问题。这些问题在领导干部中尤其需要重视，需要他们起到模范带头作用。党的"依法治国"方略的落实，在很大程度上，依赖于领导干部工作思路的转变。梳理当前的工作和思想，我们认为存在以下问题：

（一）缺乏对法律的基本信任

有少数党员干部，口口声声"依法办事"，实际对法律并不信任。所谓"依法办事"只是为了迎合上面的对策，骨子里从不认同。这种情形的出现与我国长期存在的"权力本位"、"权大于法"、"文件大于法律"的执政表现有很大关系。在相当长的时间里，这确实是一种客观存在，所以才会出现司法权不能独立于行政权，才会屡次出现政府部门以会议决定否定省高级法院生效判决、省政府办公厅发公函给最高法院直接干涉司法①这样的咄咄怪事。怪事不怪，其实这些怪事正反映了一些领导干部心中法治的地位。省一级的政府能够这样做，这也无怪广大党员干部不相信法律，不信任法律了，他们有这样的认识正是源自他们现实的工作和生活。但是，这种情况正在发生改变。党的十八届四中全会《决定》指出，我国法治建设还存在许多不适应、不符合的问题，其中一个重要表现就是："部分社会成员尊法信法守法用法、依法维权意识不强。"提出："必须坚持党领导立法、保证执法、支持司法、带头守法，把依法治国基本方略同依法执政基本方式统一起来。"对于实践中出现的公然漠视司法、干预司法的践踏法治信仰的行为，《决定》措辞严厉："必须维护国家法制统一、尊严、权威，切实保证宪法法律有效实施，绝不允许任何人以任何借口任何形式以言代法、以权压法、徇私枉法。""建立领导干部干预司法活动、插手

---

① 参见《陕西政府被指公器私用发公函至最高法干涉审判》，《中国青年报》2010年8月3日。

具体案件处理的记录、通报和责任追究制度。任何党政机关和领导干部都不得让司法机关做违反法定职责、有碍司法公正的事情，任何司法机关都不得执行党政机关和领导干部违法干预司法活动的要求。对干预司法机关办案的，给予党纪政纪处分；造成冤假错案或者其他严重后果的，依法追究刑事责任。"足见，中央的决心是非常大的。我们相信，随着社会主义法治建设的推进，"不信法信权力"的错误想法和做法一定会成为每一个领导干部工作和生活中的红线。

（二）忽视法律的依据作用

在党的十八届四中全会《决定》全文中，"依法治国"出现了23次，而"依法"更是整个决定的核心关键词，出现上百次之多。这都在告诉我们，在党的治国方式上，法律是基本依靠，是出发点，是依据，也是约束自我的利器。部分领导干部不知道在自己的工作中依靠、运用法律，不知道如何依靠、运用法律，也不知道如何依靠、运用法律维护自己的合法权益。党的十八大明确提出要"加强和创新社会管理"，党的十八届四中全会进一步指出要"加快保障和改善民生、推进社会治理体制创新法律制度建设"。何为社会管理创新？其实就是要转变之前的社会管理体制和方式。如果说之前我们对转变和创新社会管理的方向尚不明确的话，那么党的十八届四中全会则明确地告诉我们，社会管理创新就是要依靠法律，在法治的框架内进行社会管理，所有的社会管理手段、方式和程序都必须符合法治的要求。比如任何一项影响人民权利和利益的决策，都应该公开，公开决策依据，公开决策程序，公开决策内容，并且要在真正倾听和吸收大众意见的基础上进行决策，而不是依据上级领导的批示。这样的决策才有底气，才不会与法治背道而驰。

（三）盲目奉行法律工具论

在人民民主的社会主义国家，法律是人民通过其选举产生的代议制代表制定出来的，反映人民意志的社会治理规则和公民行为规则。法律因是人民意志的体现而神圣，法律决不能被执行者当成实现某一地区、某一部门、某一小撮人甚至某一个人实现某种目的的工具。法律对自己有利的时候，跟老百姓讲法律，对自己不利的时候，跟老百姓讲文件、讲政策，这是现实中的很多领导干部的做法。这是一种赤裸裸的愚昧公众。社会上曾经流行过一个段子："你跟领导讲法律，领导跟你讲政治；你跟领导讲政治，领导跟你耍无赖；你跟领导耍无赖，领导跟你讲法律。"[1] 这个段子很形象地反映出我们某些领导干部心中法律的地位。实际上，这种思维并不少见，我们很多地方开展的所谓"听证会"，邀请的市民代表往往经过了筛选，都是赞成政府决定的市民，在"听证会"上提几个事先安排好的不痛不痒的意见，然后正儿八经地表决一下，结果没有不利于政府决策的。这就造成了"凡涨必听，凡听必涨"这种潜规则。将法律视为工具，有用则用，无用则弃，任意玩弄于股掌之

---

[1]　郭光东：《讲谁的法律》，《南方周末》2010 年 7 月 29 日。

上，这样的管理和执法思路长期进行下去，会失掉民心，会毁掉我们党的执政根基的。

（四）片面理解、任意解释法律内容

比如在办事群众对某项规定提出疑问，认为这与法律规定相违背时，有的工作人员就会说："你的理解对还是我的理解对？我做这个工作十几年还不如你？我说的就是法律的意思！"这是一种典型的"人治"思维，是"以言代法"的典型表现。依法办事虽然不意味着僵化地适用法条，但更不意味着可以随意解释，按照个人理解去解释法律。任何一部法律的制定都有其"立法原意"，一般而言这种"立法原意"都会在一部法律的前几条明确指出。作为法律的执行者，无权任意解释法律。法律的解释也要遵守法律的规定，遵守《立法法》的规定，通过法律规定的有权机关制定的立法解释、司法解释来进行。在工作中遇到与群众理解不一致的地方，应当耐心跟群众解释法律的原意，如果存在分歧或者不清楚的地方，应当请示有关部门和机构，在得到确定无误的答复之后再执法。我们的执法者当然不是法律专家，不可能对法律的含义掌握得丝毫不差，这就需要各级、各类单位建立、健全法律咨询和服务制度，依靠法制部门或者将法律服务社会化的办法解决此类问题。

（五）滥用行政裁量权

比如某种违法行为依法律规定，应处以五千元以上十万元以下

罚款。少数执法者在适用这个裁量幅度的时候非常随意，相对人态度老实的少罚点，罚五千，态度不好的多罚点，罚十万。还有的会视关系好坏、是否有人打招呼而定，关系好的、有人打了招呼的少罚点，没有关系的多罚点。他们认为，反正都是在法律许可的范围内处罚的，没有违反法律，相反是遵守了法律。甚至有人言之凿凿："是法律给我的自由裁量权，我当然要根据情况，态度不好就得多罚。"这些表现表面上是遵守法律、尊重法律，实则是对法律精神、对法治精神的背离，甚至是亵渎。法律讲究普适性，同时法律也讲究区别对待。法律是刚性的，但也留有柔性的余地。法律的区别对待、法律的柔性绝不意味着可以随意地自由裁量。自立章法、随意裁量，形式上守法，实则违背法治精神。

（六）背离信赖保护原则

比如某税收工作人员在征税时遇到难题，一方面担心税征不上来，另一方面纳税人托了有关领导为其说情。后来他想了个办法，对纳税人该征 3% 税款的，先按照 6% 催缴。在与纳税人和说情领导讨价还价一番后，再减按 3% 征收。结果税款顺利入库，纳税的、征税的、说情的三方皆大欢喜。后来该税收工作人员还把这当成经验跟别人介绍。[①] 或许该工作人员出发点是好的，既要保证国家税收不流失，又要处理好各种关系，于是想出了这样"聪明"的点子。岂不知这是以丧失群众对法律、对公权力部门的信任为代价

---

① 参见闻弦：《税收执法中的遵法与尊法》，《草原税务》1995 年第 9 期。

的。其后果有两种可能：一是受到欺骗的相对人后来知道了真相，那他们会感觉受到了捉弄、愚弄，从此他们再也不相信执法机关，甚至不相信法律，那长期持续下去，法律将受到整个社会的漠视，公权力部门也将丧失其公信力，甚至党的执政根基将会遭到严重破坏。二是受到欺骗的相对人永远不知道真相，就会使执法人员形成一种心理，即群众是可以欺骗的，法律可以随便用来改编、改造，只要能够实现目标，那什么手段都可以采取。这就会让执法人员漠视法律，为实现目标无所不用其极。这同样是对法治基础的动摇。

四、未来的出路："增强全民法治观念，推进法治社会建设"

党的十八届四中全会《决定》提出："法律的权威源自人民的内心拥护和真诚信仰。人民权益要靠法律保障，法律权威要靠人民维护。必须弘扬社会主义法治精神，建设社会主义法治文化，增强全社会厉行法治的积极性和主动性，形成守法光荣、违法可耻的社会氛围，使全体人民都成为社会主义法治的忠实崇尚者、自觉遵守者、坚定捍卫者。""加强社会诚信建设，健全公民和组织守法信用记录，完善守法诚信褒奖机制和违法失信行为惩戒机制，使尊法守法成为全体人民共同追求和自觉行动。"

《决定》敏锐而深刻地看到了社会主义法治建设的基础性环节——法治文化的传播、法治信仰的树立。而这一项工作，首先应该起带头垂范作用的就是国家工作人员尤其是广大领导干部，这就要求：

第一，必须树立法治信仰，带头相信法律、尊重法律。当前，中国社会正处于一个急剧转型的特殊时期，经济制度、政治制度、社会利益、社会生活等方方面面都在调整中变得错综复杂，人们的思想和价值观念也随之呈现出多元、多变的特点，各种社会矛盾随之凸显。道德缺失、信仰缺失是转型期面临的一个困境，中国社会一直在努力寻求建立一种全面认同、遵循的核心价值观。法治正是当前中国多元需求的一个交叉点，经济制度、政治制度、法律制度、价值观念，种种转型的需求，最终汇集到法治。某种程度上，法治是所有转型中的制度和观念所共同追求和认可的东西。所以，法治不仅是国家的治理方式，更是一种信仰，是社会主义核心价值观之一。卢梭说："法治不应当是刻在大理石上，而应当是刻在人们心目当中。"法治信仰的养成，离不开国家工作人员特别是领导干部的引领和示范。广大领导干部要带头学法、知法，以法治为信仰，"忠实崇尚"才能"自觉遵守"。

在长期的"权力本位"逻辑之下，少数人产生了一种错觉：领导说的都是正确的，领导无所不懂。他们鄙视法律，鄙视法治，出现了两种倾向：一种认为法治是西方资产阶级的东西，是西方帝国主义国家对中国进行"和平演变"的工具；另一种认为法治不过是躲在书斋里面想出来的东西，没有什么可行性，和中国国情差太远。这两种想法都是错误的。法治固然产生于西方，但其合理的内容也可以为我所用，尤其是经过改造，与我国制度相结合，创新出有中国特色的社会主义法治体系，这是一个宏大的课题和任务。而

法治十问

法治，实际上是全人类共同的文化遗产，它是人们在摒弃了"人治"这种旧的治理方式之后，最"不坏"的一种选择。所以，国家工作人员特别是广大领导干部要认识到，"法治"是一门学问，需要我们虚心学习、深入研究，改造自己，改造和创新我们的社会管理制度。

第二，必须增强法治意识，带头依靠法律、遵守法律。各级领导干部中，一直存在法律虚无主义的倾向，这种倾向在我党的早期领导人中就有充分认识。如董必武同志早就指出：在我们党内，恰恰有这样一些同志，他们认为，天下是他打下来的，国家是他创造的，国家的法律是管别人的，对他没有关系，他可以逍遥法外，不遵守法律。① 在我们的日常工作中，也有一些机关和单位置法律、法令于不顾，自行立法、随意立法甚至于朝令夕改。这些都是法治意识淡薄的表现。法律是人民通过严格的程序制定出来的，从根本上体现着人民的意志和利益。法律一经生效，必须具有极大的权威。任何人都必须以法律作为自己行动的基本准则。董必武认为，有法必依最大的阻碍在于少数政府机关和党员干部依法办事的意识淡薄，有法必依的关键在于使所有政府机关及其工作人员自觉尊重法律、遵守法律。

要求人民守法，首先就要每一个党员，每一个干部守法。执政党不守法，国家工作人员不守法，就不可能领导人民群众来守法。"风成于上，俗化于下"，要想让"尊法"成为全体人民共同追求和

---

① 参见《董必武选集》，人民出版社 1985 年版，第 341、342 页。

自觉行动,国家工作人员,尤其是广大党员、领导干部要带头"尊法"。各级领导干部应当带头遵守法律,带头依法办事,不得违法行使权力,更不能以言代法、以权压法、徇私枉法。党的十八届四中全会《决定》明确提出,要"坚决查处执法犯法、违法用权等行为",还出台了若干兼具操作性和建设性的举措,如"把法治建设成效作为衡量各级领导班子和领导干部工作实绩重要内容、纳入政绩考核指标体系,把能不能遵守法律、依法办事作为考察干部重要内容"。又如,"完善国家工作人员学法用法制度,把宪法法律列入党委(党组)中心组学习内容,列为党校、行政学院、干部学院、社会主义学院必修课"。这些举措,让人耳目一新,反映了党和政府对于各级领导干部在全面推进依法治国伟大进程中的新要求。[①]

第三,落实党的十八届四中全会精神,在日常工作中贯彻合法性原则、合理性原则。依法行政,要求国家工作人员在日常的行政执法工作中,既要以尊重和保障人权为出发点,遵循"法律创制"、"法律优越"、"法律保留"等原则,同时也要紧紧围绕行政职责考虑相关因素,保护政府对行政相对人的诚实信用,并且以最有效、侵害性最小的手段作为实现行政目标的首选。其中,合法、合理地行使裁量权是今后工作的重点。

行政裁量不是绝对的自由,它必须在法治的框架内完成,要遵循以下法治理念:

首先,考虑个案、区别对待是为了实现正义,而不是为了执

---

① 参见刘颖余:《从"遵法守法"到"尊法守法"》,中国青年网,http://pinglun.youth.cn/wywy/shsz/201411/t20141104_5979993.htm,2014 年 11 月 27 日访问。

法方便。每个案件的案情、涉及的当事人的情况都完全不一样，任何法律都不是冷冰冰的规则，不是放之四海而皆准、可以适用所有情况的规则。法律的实施必须考虑个案，必须实现个案的正义，这是裁量的意义所在。裁量绝不能以执法者执法方便为出发点，更不能任意、自由使用法律。

其次，裁量权是为了实现公平和正义，而不能造成歧视。正是因为每个案件都不一样，所以对所有案件都同样适用法律是一种不公平。比如，同样是偷税行为，初犯和曾经因此受过处罚的累犯在主观恶意性上是不同的，当然不能同等对待。否则就会鼓励违法，鼓励多违法。所有案件一体对待，实际上恰恰是一种不公平，甚至是歧视。比如，相对人老老实实，你说啥就是啥的，处罚较轻，而稍有质疑则重罚。这是对敢于发声的人的一种歧视，长此以往会导致没有人敢于质疑执法机关决定的合法性与合理性，会使得执法人员变得骄纵、蛮横。但是，我们要清楚：忍气吞声的相对人虽然不敢质疑了，工作看似四平八稳了，这一切都只是暂时现象，都只是表面现象。平静的外表下蕴含着波涛汹涌，怨气在积聚，往往会爆发在最不经意的时刻。很多群体性事件就是平时这种随意的裁量积聚造成的。

再次，裁量应该考虑相关因素，而不应该考虑不相关的因素。行政执法、刑事司法、民事司法，所有拥有裁量权的行为都应该考虑的是与裁量事项相关的事实和情况，而不应该考虑与之无关的事项。比如，行政机关在做出处罚决定时，应该考虑违法情形、所造成的后果和影响等因素，而不能考虑是否有人打招呼，是否有关系。在少数地区甚至出现了一种违法较轻受重罚，违法严重受轻罚的特殊情况。究其原因，是因为违法较轻的是一些小企业，对地方税收贡献小。而违法较重的往往是一些大型企业，对地方税收贡献大，如果对它们重罚害怕会把它们罚跑了。这就属于典型的考虑了不相关因素，是对法治精神的一种严重背离。

第四，落实党的十八届四中全会精神，在日常工作中以实际行动向公众传播尊法的理念和意识。社会主义法治国家的建成，必须建立在全社会尊法的氛围中，而这并不是仅仅通过运动式"普法"能够做到的。"尊法"观念的传播要通过各种各样活生生的例子，要通过群众喜闻乐见的形式来让他们自觉接受，而不是会引发群众反感的说教。我们看过很多美国大片，其中一个永恒的主题就是"法治"，警惕政府权力滥用，向公众解释一种法律概念，这些都在那些情节紧张的大片中体现出来。比如，美国的大片《双重危险》（《Double Jeopardy》）就是在向公众解释美国联邦宪法中的"禁止双重危险原则"。与之相比，我们的"普法"可能还有很大的文章可做。"普法"应该落实在我们每一个领导干部、每一个国家工作人员的日常行为中，他们的一言一行就是榜样，他们的工作态度、工作方式就是最生动的诠释，也是人们据以判断党的执政思路的依据。你做了什么，说了什么，群众都会形成自己的看法，是真的尊法，还是假的尊法，群众不难判断。如果国家工作人员，特别是领导干部能够做到真诚地尊法，这种示范效应是成几何级数倍增的；相反，如果言行不一，对群众"尊法"观念的打击、负面影响也是成几何级数倍增的。

有一个形象的比喻：如果我们没法确保手里永远都是好牌，那么就让这个社会的规则变得公平、公正，对每一个人都一样，这样我们就能确保自己永远摸到的都是一手公正的牌。"尊法"就是这样一种规则。让我们出于真诚地、发自内心地去"尊法"！

为什么"法不禁止即自由"不是普遍适用的规则？

李培磊 *

"法不禁止即自由"，亦称"法不禁止即可为"，或"法无明文禁止即可为（自由）"，是源自西方法律传统的一句谚语。近些年来，"陕西夫妻看黄碟案"、"大学生能否结婚"等事件引起的社会广泛讨论，使这句话在中国也几乎成为了一个法律常识。

2014 年 2 月 11 日，国务院总理李克强在国务院第二次廉政工作会议上引用了这句法谚：对市场主体，是"法无禁止即可为"；而对政府，则是"法无授权不可为"。这再次引发了人们对"法不禁止即自由"的思考。

"法不禁止即自由"这一谚语，在内涵方面体现了对权利意识的彰显，在表达上又极富感情色彩，因此，很容易引起共鸣。它对

---

* 李培磊，中国政法大学法学院 2013 级博士研究生。

于法治理念的传播功不可没。但同时也要注意到，实践中存在对这一规则的不当认识：有人将其过度演绎，认为只要法律没有"明文"禁止的行为都可为，且不会导致承担责任。有人将其机械地奉行其孪生规则——政府"法无授权即禁止"，并将其作为政府消极无为的挡箭牌。此外，还有一种更深层的误解，认为法（只有法）可以任意限制自由，这忽视了法治理念所包含的其他原则。

一、"法不禁止即自由"的渊源及相关理念

准确地认识"法不禁止即自由"，需要探寻其渊源，并了解与之相关的一些理念。

（一）"法不禁止即自由"的渊源

据学者探究，"法不禁止即自由"最早可以在古希腊的政治实践中找到渊源，蕴含在古希腊人所推崇的"法律之下的自由"理念之中。[①] 但真正让这一观念流行开来，则主要得益于启蒙思想家的努力。

在西方启蒙运动时代（十七世纪至十八世纪），许多伟大的思想家都表达过类似的观点。例如，霍布斯认为，"世界上没有一个国家能定出足够的法规来规定人们的一切言论和行为，这种事情是

---

① 参见程燎原、王人博：《权利及其救济》，山东人民出版社 1998 年版，第 230 页。

不可能办到的；这样就必然会得出一个结论说：在法律未加规定的一切行为中，人们有自由去做自己的理性认为最有利于自己的事情"。① 孟德斯鸠提出："自由是做法律所许可的一切事情的权利；如果一个公民能够做法律所禁止的事情，他就不再有自由了，因为其他的人也同样会有这个权利。"他还以言论自由为例专门说明："公民可以说或写一切法律所没有明文禁止说或禁止写的东西。"②

至于明确将"法不禁止即自由"的观念纳入文本的，当推法国1789 年《人权宣言》和 1791 年宪法。1789 年法国《人权宣言》宣称："法律只能禁止有害于社会的行为；凡是法律不禁止的，都是许可的。"1791 年法兰西共和国宪法规定："凡未经法律禁止的，都不得加以取缔。"

（二）与"法不禁止即自由"相关的理念

在现代国家，直接采用类似法国《人权宣言》或 1791 年宪法的方式规定"法不禁止即自由"的比较少，更多的是将与"法不禁止即自由"相关的理念或制度写进成文法律，例如民法领域的"意思自治"，刑法领域的"罪刑法定"。

1. 民法领域的"意思自治"

民法领域的"意思自治"原则包含以下几层含义：

一是参加民事活动的当事人可以按照自己的自由意思为自己设

---

① [英] 霍布斯：《利维坦》，黎思复、黎廷弼译，商务印书馆 2009 年版，第 164 页。
② [法] 孟德斯鸠：《论法的精神》，张雁深译，商务印书馆 1959 年版，第 154、322 页。

定权利或对他人承担义务，任何机关、组织和个人不得非法干涉。二是当事人的意思自治不是绝对的，要受到法律的限制。

这两层意思在我国《合同法》上都有体现。对于前者，《合同法》第四条规定："当事人依法享有自愿订立合同的权利，任何单位和个人不得非法干预。"对于后者，《合同法》第七条规定："当事人订立、履行合同，应当遵守法律、行政法规，尊重社会公德，不得扰乱社会经济秩序，损害社会公共利益。"

我国民法上确立"意思自治"原则是与市场经济的建设密不可分的，只有给市场主体充分的意思自由，才能更好地发挥他们的才智和力量建设市场经济。民法学泰斗江平先生曾疾呼"市场经济是意思自治的经济"、"意思自治是市场经济法律活的灵魂"，并明确指出："意思自治鲜明地体现了现代法治的一大基本原则——对非政治主权实体而言，法律不禁止即为自由。"[①]

但意思自治的原则不限于市场主体，实际上是适用于一般民事主体的普遍原则。例如，"大学生能否结婚"的讨论涉及的就是一般民事主体。[②]《婚姻法》保障公民的婚姻自由，不应当受到任何机关、组织和个人的非法干涉。

2. 刑法领域的"罪刑法定"

刑法领域的"罪刑法定"法定原则常常可以用以下两句话来总

---

① 江平、张礼洪：《市场经济和意思自治》，《法学研究》1993年第6期。

② 2004年教育部发布了新的《普通高等学校学生管理规定》，不再限制在校大学生结婚，使在校大学生结婚违反校规成为历史。在校大学生只要符合我国《婚姻法》规定的结婚条件，完全可以结婚。

结:"法无明文规定不为罪,法无明文规定不处罚。"在这两句话,可以很明显地看出"罪刑法定"与"法不禁止即自由"的渊源。

根据"罪刑法定"的原则的要求,对于公民来说,在法律没有禁止——没有设定为犯罪的范围内,可以自由地行为,而不必担心会被定罪处罚。对于政府来说,对于不属于犯罪的行为,不能任意地追究公民的罪责,也不能制定溯及既往的法律来追究之前不曾禁止的"罪行"。

"陕西夫妻看黄碟案"是一个典型的反例。该案中,并不构成犯罪的当事人受到了非法的刑事拘留,这对于公民权利造成了极大的直接损害,更严重的后果是让当事人在事后长期闻"黄"发抖,让其他民众担心自己也会被"无故拘留"。在某种意义上,罪刑法定原则是在犯罪与刑罚领域划定了公民自由和国家权力的界限。凭借这一界限,公民在日常行为时不必担惊受怕,甚至"战战兢兢,如履薄冰"。

3. 公法中相对应的"法无授权即禁止"

在刑法的"罪刑法定"理念中,已经很明显地包含了一个不同于"法不禁止即自由"的理念,即对政府行为进行限制的理念。很显然,相对于公民来说,政府是没那么"自由"的。对政府行为进行限制的理念在宪法、行政法等公法领域表现得更为突出。行政法中的"依法行政"原则就是很好的例子。"依法行政"原则包含以下几个基本要求:

一是法律优先。行政行为或其他一切行政活动,均不得与法律相抵触。二是法律保留。某些事项只能由法律予以规定,或者必须在法律明确授权的情况下行政机关才有权予以规定。三是禁止越权。行政机关必须在法定的职权范围内行使权力，超越了其法定权限范围的行为在法律上都是违法或无效的。

依法行政原则要求行政机关不能在缺乏法律授权的情况下对公民的权利进行限制乃至剥夺时，其解决的问题是如何给公民的自由设定禁止。这揭示了"法不禁止即自由"相对面，衍生出了公权力"法无授权即禁止"这一原则。这两个原则之间联系的紧密程度，完全可以称为是"一个硬币的两面"。

总之，在考察了"法不禁止即自由"的渊源和相关理念之后，可以很轻易地发现：这一原则在诞生之初就是以公民为对象的，不适用于公权力机关。这一点已经被人们广泛接受，并在人们心中形成了这样的朴素印象：

> 对于公民来说，其行为应适用"法不禁止即自由"的原则，目的在于充分保障公民权利；对于政府等公权力机关来说，其行为应适用相反的"法无授权即禁止"的原则，目的首先在于限制政府权力，防止权力滥用，在根本上也是为了保障公民权利。

让社会大众普遍形成这样的印象，对于法治中国建设意义深远。因为法治的精髓正是保障公民权利，限制国家权力。在全面推进依法治国的今天，李克强总理提出"法无禁止即可为"与"法无授权不可为"，也正是认识到了其深远意义。

需要注意的是，之所以说"法不禁止即自由"不能被视为普遍适用的规则，不仅仅因为其只适用于公民，不适用于公权力机关——这一点固然十分重要，但更重要的原因是，不论是适用于公民的"法不禁止即自由"，还是适用于公权力机关的"法无授权即禁止"，都不是一个机械运用的规则，而是一个具有弹性的法律原则；也不足以奉为圭臬，认为是绝对的真理，而是一个具有适用条件的"相对真理"。

关于"法不禁止即自由"和"法无授权即禁止"，存在以下几个重要的错误认识。如果不能得以澄清，法治国家只能是虚有其表，更危险的是，法治国家的建设可能会南辕北辙。

二、误区一：公民认为"法无明文禁止皆可为"

建立了"法不禁止即自由"的认识，可以算是公民法治理念的巨大进步，但公民却有可能对这一原则采取形式化的认识，从而错误走上违法犯罪的道路，或者最终发现自己理解的自由不能为法律所接受。通过两个案例可以说明这一类理解上的误区：

（一）以案说法："三聚氰胺案"和"泸州二奶继承案"

在 2008 年的"三聚氰胺案"和 2001 年的"泸州二奶继承案"中都有上述理解上的误区。

2008 年，许多食用三鹿集团生产的奶粉的婴儿被发现患有肾结石，随后在其奶粉中发现了化工原料三聚氰胺。当时，三聚氰胺对于大部分人来说都是很陌生的事物。据后续的报告①显示，三聚氰胺作为化工原料是很常见的，可用于塑料、涂料、黏合剂、食品包装材料的生产。资料表明，三聚氰胺可能从环境、食品包装材料等途径进入到食品中，其含量很低。但是在"三聚氰胺案"案发之前，没有法律法规明确禁止在食品中添加三聚氰胺，也没有针对食品中三聚氰胺的国家标准或检测标准。很显然，将三聚氰胺添加进婴儿奶粉的人正是看到了这里存在的"法律的空子"，认为"法不禁止"。

2001 年，四川省泸州市某公司职工黄某立下遗嘱："我决定，将依法所得的住房补贴金、公积金、抚恤金和卖泸州市江阳区一套住房售价的一半（即 4 万元），以及手机一部遗留给我的朋友张某一人所有。我去世后骨灰盒由张负责安葬。"这里的朋友张某其实是所谓的"二奶"。在这一遗嘱背后的故事是：黄某之妻蒋某自 1963 年结婚后一直没有生育。因此，黄某后来找到了张某，以"夫妻"名义生活。尽管社会对"包二奶"行为普遍持负面态度，但是法律对这类行为没有明确规范，更没有明文禁止。黄某所立遗嘱体现了其真实意思，似乎可以根据民法"意思自治"的原则推定为"法不禁止即自由"。

这两个案子的共同点在于，在法律条文上确实不能找到明确的禁止条款。但真的就可以理解为"法不禁止即自由"吗？两个案件的处理结果已经做出了明确的解答：否。"三聚氰胺案"的多个涉

---

① 参见卫生部、工业和信息化部、农业部、工商总局、质检总局：《关于乳与乳制品中三聚氰胺临时管理限量值规定的公告》（〔2008〕第 25 号）。

案当事人都遭到了刑事处罚,"泸州二奶继承案"中的遗嘱没有被执行。

(二)根源在于对"法不禁止"做了形式化的理解

出现上述结果,不能指责法院在没有法律禁止的情况下不当地限制了人们的自由,因为实际上,法律对于上述行为是设定了禁止的。

首先分析"三聚氰胺案"。根据当时有效的《食品卫生法》第九条的规定,"禁止生产经营下列食品:……(十一)含有未经国务院卫生行政部门批准使用的添加剂的或者农药残留超过国家规定容许量的……"这里的"批准使用"意味着法律对于在食品中添加化学物质的一般性态度是禁止,许可只是例外。这说明所谓的"法律空子"其实并不存在,法律对于添加三聚氰胺是有明确的禁令的。但这个案子确实也揭示出了法律制度存在的一些漏洞,例如,检测程序并不检测类似三聚氰胺这样没有列入添加剂目录、也没有设定国家标准的化学物质,这就在很大程度上消解了法律对食品添加剂的一般性禁止态度,也给了居心不良的人以可乘之机。

再来分析"泸州二奶继承案"。该案中,法官否定遗嘱的效力依据的是《中华人民共和国民法通则》第七条的规定:"民事活动应当尊重社会公德,不得损害社会公共利益。"法官的推理过程如下:①

---

① 参见四川省泸州市中级人民法院民事判决书(〔2001〕泸民一终字第 621 号)。

本案中遗赠人黄某所立遗嘱时虽具完全行为能力，遗嘱也系其真实意思表示，且形式上合法。

遗赠行为作为民事法律行为的一种，除应当具备继承法所规定的有关构成要件外，还必须符合《民法通则》对民事法律行为的一般规定……即民法的"公序良俗"原则。

在确定"公序良俗"原则中"社会公德"或"社会公共利益"的法律内涵，进行具体法律适用时，必须也只能通过不同历史时期法律具体规定所体现的基本社会道德观念和价值取向加以确定。

在本案中，遗赠人黄某与张某长期非法同居……违反了《中华人民共和国婚姻法》第三条"禁止有配偶者与他人同居"的法律规定，属违法行为。

我国《中华人民共和国民法通则》第五十八条规定"民事行为违反法律和社会公共利益的无效"，因此，遗赠人黄某的遗赠行为，应属无效民事行为。

从这一推理过程中可以明显看到，虽然没有法律条文明确禁止公民通过遗嘱将财产赠与"二奶"，但实际上通过其他方式——"公序良俗"这一法律原则和其他法律规则构成的共同体——表示了禁止。实际上，在民法中，除了法律明文禁止之外，通过"公序良俗"意思自治进行必要的限制是很普遍的。前文所举《合同法》第七条规定："当事人订立、履行合同，应当遵守法律、行政法规，尊重社会公德，不得扰乱社会经济秩序，损害社会公共利益。"就也体现了这一精神。

通过对上述两个案子的分析发现，"法无明文禁止皆可为"这一说法的不当之处在于:"明文禁止"的说法容易导致对法律进行形式化的理解,将法律视为僵硬的条文。

(三)公民准确把握"法不禁止即自由"的要点

第一,应该将法律视为一个整体,不能断章取义。法律作为一个整体有以下几层重要含义:

(1)法律包含法律规则和法律原则。法律规则是指具体规定权利义务以及具体法律后果的准则;法律原则是指在一定法律体系中作为法律规则的指导思想、基础或本源的综合的、稳定的法律原理和准则,如法律面前人人平等、法不禁止即自由等。通常,法律规则只能适用到具体情况,而法律原则的适用范围较广,但是法律原则却比较笼统、模糊。这决定了法律原则的运用须遵循严格的条件,不能任意适用。

(2)不同的法律文本之间是相关联的,共同构成法律规范体系。就一个完整的法律规范需要包含的三个要素(假定条件、行为模式、法律后果)来说,可能分散在不同的法律文本之中,等待人们去发现。法律作为一个整体意味着,不能认为没有发现任何一个条文禁止某种行为,就认为法律不禁止这种行为。

第二,应该认识到法律对于行为的规范,除了依靠具体的规定之外,还有一般性的态度。在前者,法律规范包含禁止性规范(禁止人们做出一定行为)、授权性规范(规定人们可以为一定的行为或者不为一定的行为)、义务性规范(规定人们必须积极做出一定行为),这三类规范可以具体规范人们的特定行为。在后者,法律只表达一般性的态度，而具体的规定则由政府通过行政许可的方式确定。行政许可的重要特征之一是：以一般禁止为前提，以个别解禁为内容。即在一般禁止的前提下，对符合特定条件的行政相对方解除禁止，使其享有特定的资格或权利，能够实施某项特定的行为。表面上看，行政许可和"法不禁止即自由"的精神正好相反。但并非如此，在许可的背后，必然存在法律的支持，否则就是违法设定许可。并且，设定许可的事项都是具有特殊性质，并需要满足法定条件的，如关涉生命安全的标准等。

第三，应该认识到"法不禁止即自由"不足以作为一个善良公民的行为标尺。必须承认，法律规范确实可能存在"漏洞"，即便经过法律解释的方法，也不足以惩罚一些具有危害性的行为。例如，许多人不能理解的"男子强奸女子是强奸罪，女子强奸男子却是无罪"现象。这其实是基于罪刑法定原则的要求。虽然罪刑法定原则和意思自治原则一样，都可以上溯到"法不禁止即自由"的理念，但由于刑罚的特殊性，罪刑法定原则显然具有更强的刚性。既然刑法中明文规定的强奸罪对象是女子，男性确实不能成为强奸罪的对象。长期以来，男性受害者求救无门，施害者逍遥法外，享有的不当的"自由"。[①] 但对于一个善良的公民来说，却最好不要利用这些法律的"漏洞"。须知，在法律规范之外，还有道德规范同样调整着人们的行为。"法不禁止即自由"并不意味着可以"皆可为"，

---

① 《中华人民共和国刑法修正案（九）》将猥亵罪受害对象从"妇女"改为"他人"，而对于强奸罪的规定仍原封不动。但这毕竟意味着男性受害者终于有希望找到法定的救济措施了，虽然是以"曲线救国"的方式。

更不意味着"任意妄为"。

三、误区二:政府机械奉行"法无授权即禁止"

对于政府来说,"法无授权即禁止"是最基本的行为准则,这一点已经被广泛接受。但是,在全面深化改革的今天,这一准则却造成了一种担忧:改革要求打破旧制度的束缚,但被法律缚住手脚的官员,如何能够推进改革?有一些实例充分体现了这种担忧。

(一)改革焦虑:政府被缚住手脚了吗?

2008 年 4 月,时任昆明市委书记在"解放思想、深化改革、扩大开放、科学发展"大讨论动员会上表示,当前特别需要冲破六个思想障碍,其中一个是冲破"准我干我才干"、"唯上"、"唯书"的僵化思想,树立"没有明令禁止都可以想、可以干",不断创新求变的求索作风。另外还表示,"作为领导干部……在解放思想问题上,大家不要做手电筒,只照别人,不照自己;而要做镜子,常审视自己,多检点自己"。这一席话引发了剧烈的争论。批评者认为"提倡领导干部在新一轮思想解放中冲破旧思维、旧习惯的束缚,执政为民要敢为、有为,本身没有错,但对公权而言,该官员的这种提议是有偏差的",其本质是错误地将"法不禁止即自由"应用于政府。支持者则认为上述批评是一种"曲解",该官员言论的前提是区分公权力和私权利,提出"没有禁止都可以干",主要是为了鼓励和支持企业、公民等私权利主体冲破思想障碍，敢试敢闯，敢为人先。同时，这样做不是为了扩张公权力，而是为了进一步优化政府职能，在更高层次上规范和限制公权力，因此不会造成公权力的膨胀与滥用。

无独有偶，2013年4月17日，上海市政府提请上海市人大审议《关于促进改革创新的决定（草案）》。草案提出：要明示改革创新的法治路径，解决改革创新遇到制度障碍怎么办的问题，原则是"法无禁止即自由"，而不是"法无授权即禁止"，只要法律法规规章、国家政策不禁止不限制，就鼓励大胆改革创新。据上海市政府法制办主任刘华介绍，制定草案的背景是，实践中改革创新往往会遇到法律、法规、规章、政策等制度层面的限制，很少有人愿意冒着风险进行改革创新，多数情况研究研究就作罢了，对内容滞后、规定不合理的法律法规规章以及文件，不知道如何突破。与前述言论类似，上海市的这一草案同样引发剧烈争议。最终，上海市人大审议通过的《关于促进改革创新的决定》调整了表述，要求："本市应当充分运用现行法律制度及国家政策资源，推进改革创新。各级政府……对于改革创新中法律、法规和国家政策未规定的事项，可以在职权范围内作出规定。法律、法规、规章及国家政策未规定的事项，鼓励公民、法人和其他组织积极开展改革创新。"

在上述两个事例中，都看到了试图将"法不禁止即自由"应用到政府的冲动，但都招致了激烈的批评，最终的结果是：冲动仍只是冲动，没有人明确宣称政府适用"法不禁止即自由"。这正说明政府应当适用"法无授权即禁止"原则的深入人心。在另一方面，这种"反抗冲动"为何产生却值得深思。从昆明官员言论和上海市草案的背景可以发现，其共同的根源在于有人认为"法无授权即禁止"不当地缚住了政府的手脚，禁锢了政府的开放思想与创造精神。这其实是对"法无授权即禁止"的误解。不过，现实情况是，有不少政府官员机械地奉行这一原则，这就导致了不敢承担责任、消极无为的政府。改革者正是出于这种焦虑才萌发了对传统行政法原则的"反抗冲动"。可以认为，提出政府适用"法不禁止即自由"在本质上是为了"矫枉"，但不当之处在于"过正"。

透过现象去看本质，上述事例表面上的错误是将"法不禁止即自由"应用到政府，而真正值得警醒的是政府机械地奉行"法无授权即禁止"的原则。

（二）根源在于法治思维尚未形成或尚不成熟

必须承认的是，政府官员认识到法律构成了自身权力的限制，这是法治政府的一大进步。但是将"法无授权即禁止"理解为缚住手脚，则说明许多人的法治思维尚未形成，或者尚不成熟。

第一，有不少人不习惯受到法律的约束。法治的核心价值就是"限权"。对于这一点，很多政府官员认识到了，但是却不习惯，不喜欢。对于他们来说，法治会带来权力行使的不便，因为在规则和程序之下，权力的任意性、率性受到了遏制。有人指出，这种不习惯是长期官员特权思想的遗毒，有特权思想的领导干部，认为法律只管群众不管自己，遇到用法律约束自身或本部门行为的时候就有抵触情绪。① 这是一个重要的原因，但即便是奉行"为人民服务"理念的官员，也可能会不习惯受到法律的约束，他们会感到法律限制了他们的服务"热情"。实际上，这都是缺乏法治思维的表现。

第二，有不少人对法律的理解是僵化的。法治思维的根本特征是根据法律进行思考。但是，仅仅是部分建立了法治思维的官员可能将根据法律进行思考的法治思维僵化为"定式思维"。当看到法律的限制时，实际上只是看到了一些僵化的规则或者是基于片面认识的似是而非的规则，从而被这些"法律规则"束缚住，不能审时度势、灵活准确地运用法律。实际上，在许多时候法律并不能提供具体的行动方案，只是我们思考决策、解决法律纠纷的框架。对于许多初看是法律禁区的领域，如果有突破的必要，在法治的框架内也能找到合适的工具。

第三，有一些人选择性地运用"法治思维"。法治的要求只有在平等的适用于所有主体时，才算是真正的法治。民间流传着我国法治的怪现象："严格立法、普遍违法和选择执法。"其中"选择执法"的特征在法治思维上也有体现。有部分政府官员已经建立了"法治思维"，在某些情况下，通常是实行法治对自己有利的情况下，即便法律的规定不明确，他也能够找到有利于实现目的的法律解释，或者从法律中找到合适的工具创设新的规则。更有甚者，如果利益巨大，突破法律的禁止性规定也在所不惜。但是，在另外一些时候，通常是实行法治并不利于自己的时候，他所看到的法律却主

① 参见何民捷：《让法治成为一种思维方式》，《人民日报》2013 年 5 月 14 日。

要呈现出"碍手碍脚"的姿态。当然，更可能存在的情况是，政府官员并不像第二种情况描述的那样"自利"。他们锐意改革，希望谋求公共利益的提升，并且自己并不能从中得到显著的个人利益。此时，当法律呈现出模棱两可，甚至是有限制的倾向时，他们则未必会像第一种情况那样积极地运用自己的"法治思维"，而是消极地利用之，宣称自己严格奉行"法无授权即禁止"的原则。

以上分析揭示了，所谓的"法无授权即禁止"缚住了锐意改革的政府的手脚，不过是一些人在法治思维不健全情况下，对上述原则采用了一种机械式的，并稍微带有自利色彩的理解。

（三）政府准确把握"法无授权即禁止"的要点

第一，要理解"将权力关进制度的笼子"和"缚住政府手脚"的区别。虽然法治的核心价值是限权，但是法律限制的精神在于"将权力关进制度的笼子里"，而不是"缚住政府手脚"。这只是意味着权力作为一个整体，必须处于法律的控制之下，必须在法律规定的范围内行使。但并不意味着法律对权力的控制要像大人教小孩写字一样，握其手、导其向。要深刻地理解其中的区别需掌握以下要点：

（1）政府不可能是自由的。西方现代自由主义的代表人物哈耶克认为的自由，是一种允许所有的人运用自己的知识去实现自己的目的，且只受普遍适用的正当行为规则约束的自由状态。[①] 因此，

---

① 参见［英］哈耶克：《法律、立法与自由》第一卷，邓正来译，中国大百科全书出版社 2001 年版，第 87 页。

公民享有法律中之下的广泛自由，部分原因在于他的目的自由。而政府则不同，政府存在的目的是特定的。限定政府目的的，正是代表民意的法律。

（2）在现代社会，政府已经有了广泛的裁量空间。现代国家的行政法早已经不是纯粹的"传送带"模式：立法机关制定明确的规则，或对行政机关进行具体的授权，行政机关严格依据规则和授权进行行为。在现代的行政领域，存在大量的概括授权和行政裁量。并且，这一状况已经得到了普遍的承认。

第二，要认识到现代政府权力性质的多样性，法律针对不同问题的态度确有差别，但从未放弃控制。现代的政府已经不是"守夜人"式的政府，只有消极的维护秩序的权力，而是广泛承担着积极行政的职责，包含促进经济发展、保护环境、维护健康、解决失业和贫穷问题等。一部分反对"法无授权即禁止"继续广泛适用的人，正是看到了这一差别，进而主张在积极行政领域可以放宽要求，甚至是转变为"法不禁止即自由"。这一认识有正确的地方，从宏观上看，法律对于积极行政的限制确实要弱于消极行政。但法律从没放弃控制。一方面是因为积极行政并不总是产出好的结果，依然可能侵犯公民的基本权利；另一方面是因为达成这些目的虽然需要政府，但并不完全依靠政府，还要依靠市场和社会的力量。在法律没有明文规定也没有明确禁止的领域，究竟是政府优先介入还是市场和社会优先，答案并不绝对。因此，即便对于积极行政，也不能说"法不禁止即可为"或"法不禁止即自由"。

第三，要认识到现代政府拥有法律手段的多样性，更不必担忧法律束缚手脚。现代政府(特指行政机关)已经俨然是集立法、行政、司法权于一身的庞然大物,而不是只拥有纯粹的行政权。在追求和实现行政目的的过程中,现代政府可以在法律的框架下自己制定规则,可以在法律空白之处先行制定规则,在特定的情况下,更可以接受授权突破既有的规则。并且,国家政策还鼓励政府创新社会管理方式和执法方式,① 实际上是鼓励采用不同于传统的方式实现管理目的。拥有了这样丰富的制度工具,又怎会发现被法律缚住了手脚,又何必要撇开法律去追求所谓的"自由"呢。

探究这种错误认识的实质,不过就是习惯于靠政策,不靠法律;习惯于政府对公共事务大包大揽;习惯于用传统的、行政的手段来实现管理目的。只有破除了这些习惯,才能真正体会到"法无授权即禁止"的真谛。

《中共中央关于全面推进依法治国若干重大问题的决定》要求:"行政机关要坚持法定职责必须为、法无授权不可为,勇于负责、敢于担当,坚决纠正不作为、乱作为,坚决克服懒政、怠政,坚决惩处失职、渎职。"在"法无授权不可为"之前增加了"法定职责必须为"的要求,目的也是为了匡正对"法无授权不可为"的片面理解。政府有法定的职责,但可能现有法律的明文规定没有适当的授权,或者授权陈旧不合时宜,但政府却不能懒政、怠政、不作为。而应当在法治的框架下,积极寻找授权。《决定》这样说:"实

---

① 《中共中央关于全面推进依法治国若干重大问题的决定》提出"推进社会治理体制创新法律制度建设","各级政府必须坚持在党的领导下、在法治轨道上开展工作,创新执法体制"。

现立法和改革决策相衔接，做到重大改革于法有据……实践条件还不成熟、需要先行先试的，要按照法定程序作出授权。"

四、误区三：立法者认为法可以任意限制自由

"法不禁止即自由"本意是保护公民的权利和自由，要求政府在限制公民的权利时，需要获得法律的支持或授权。但这一原则在现实中却也可能导致这样的错误认识：只要通过法律就能限制基本权利和自由。也即，立法者可以任意地限制基本权利和自由。实际情况表明，这种认识确实存在，而且很危险。

（一）任意立法：立法滥用和立法懈怠

立法者可能滥用手中的立法权，变成比行政机关更为恐怖的压迫者；立法者还可能懈怠，不去纠正其他规范，实质也是放任了对权利的任意限制。

第一，是立法滥用的例子。二战之前的德国是最好的说明。当时的德国在《魏玛宪法》的治理之下。基于对民意代表的信任，《魏玛宪法》将基本权利的实现完全交给立法者。整个社会也弥漫着对制定法的迷信。这种迷信使立法者获得了充分的形成自由。"法不禁止即自由"原则以及由其衍生的"法律保留"原则只能约束行政权，而不能约束立法者。这种不对立法设限的立法绝对主义，引发了纳粹统治时期的普遍的"制定法不法"现象，极大地践踏了人权。

第二,是立法懈怠的例子。我国有许多这方面的例子。我国原国家教育委员会于 1990 年发布了《普通高等学校学生管理规定》。根据该规定,"在校学习期间擅自结婚而未办理退学手续的学生,作退学处理"。这显然是对已达到结婚年龄的在校大学生婚姻自由权的剥夺,并且是基于一个层级较低的部门规章。但直到 2004 年教育部发布了新的《普通高等学校学生管理规定》,这一限制才得以取消。更典型的例子是国务院于 1982 年制定的《城市流浪乞讨人员收容遣送办法》。该《办法》规定了限制人身自由、收容遣返等措施。根据 2000 年制定的《立法法》,限制人身自由的强制措施和处罚只能制定法律。这明确揭示出上述《办法》违反了法律保留。但是,直到《立法法》颁布 3 年之后,上述《办法》才得以废止。即便是立法保留的精神已被广泛接受的今天,仍然常见立法者对行政机关进行十分宽泛的授权。在宽泛的授权中,立法者很可能只握有形式上的权力,而在实际上放任其他规范对公民权利的限制。

上述的两种情况,尤其是前者,强烈地提醒着人们,在"法不禁止即自由"背后有一个充满诱惑的陷阱,因此,不足以奉为圭臬。[①]

(二)根源在于立法权的局限性未被充分认识

第一,立法权的危险性没有被充分认识,没能建立制约立法权的有效机制。在一些国家建立民主制度的初期,曾经赋予了民选机

---

① 参见林来梵:《法律保留的诱惑》,《法制日报》2007 年 6 月 17 日。

关高度的信任和高度集中的权力。诚然，在一个成员真正由选民选出，并能对真正对选民负责的民主社会，民选机关的运作过程中外部有人民的监督，内部有议事规则和会期等的约束。似乎足以认为，由其制定的法律是有保障的。但是历史的经验表明，民选机关可能成为实施"多数人暴政"的场所，也可能受一时之激情和歇斯底里的控制而犯下错误。这一点，托克维尔在其《论美国的民主》一书中已经通过对法国和美国的比较进行了揭示。

第二，立法权的有限性没有被充分地认识和利用，没能建立科学的立法权分配体制和有效的法律审查体制。现代国家普遍作为代议机关的立法者不可能针对所有事项立法。认识到立法权的有限性，不能也不该导致立法者放弃权力。合理的做法是：在合理的分配立法权，减轻代议机关压力的同时，建立有效的法律审查机制，加强代议机关对各种层级法律规范的控制。在我国，立法权有限也是被广泛承认的，证据在于权力机关并不负责制定所有法律规范。但是，与这种认识相适应的体制却未能很好地建立：宪法和法律的权威没有真正树立、各级立法权的边界并不明晰、法定的备案审查制度也未能充分发挥作用。直接的后果是立法冲突和篡夺立法权的现象很常见，并且很少能及时地得到纠正。

因为上述原因，"健全宪法解释程序机制""加强备案审查制度"以及"明确立法权力边界"都成为了《中共中央关于全面推进依法治国若干重大问题的决定》明确提出的要求。

（三）立法者正确认识"法不禁止即自由"的要点

《中共中央关于全面推进依法治国若干重大问题的决定》提出了一些制度上的措施，以完善立法体制。为配合这些制度的落实，在认识的层面也需要进行改造：

第一，要认识到权力机关并不在法律之外，需要遵守宪法的限制。在我国，作为权力机关的全国人民代表大会有权制定和修改法律，也有权力修改宪法，这似乎使其可以置身于法律之外。但并非如此，权力机关要受到宪法和一些法律的限制，主要有：

（1）宪法中规定了全国人大及其常委会各自的立法权限，宪法的修改和基本法律的制定只能由全国人大进行。

（2）宪法对法律制定或修改的条件进行了限制。

（3）法律不能与宪法规范冲突。即需要依据宪法制定法律。

（4）一些宪法性的法律，如《立法法》，规定了权力机关立法的程序，在这些规定变动之前，制定其他法律时都应该遵守。

第二，要认识到立法权限的划分是动态的，因此要有动态的监督。《立法法》规定了不同立法主体的立法权限，但同时设定了许多动态的调整机制，立法权可以在不同机关转移。例如，应当制定法律的事项尚未制定法律的，全国人大及其常委会有权作出决定，授权国务院就其中的部分事项先制定行政法规。鉴于此，固守静态的权限划分就是不切实际且无益的，真正有效的监督必须是动态的，例如：严格执行授权条件与程序；明确授权目的和范围；完善对授权的后续监督审查；等等。

第三，要认识到各类立法主体除了要遵守立法权限的限制外，还要遵守立法目的的限制。在权限范围之内，立法也不能是任意的，主要的限制有：

（1）法律还维护国家的整体利益，还要保障公民权利。前一点是《立法法》规定的，① 在《中共中央关于全面推进依法治国若干重大问题的决定》中也有要求，② 目的是杜绝部门立法。后一点是法治的基本要求，在《中共中央关于全面推进依法治国若干重大问题的决定》中同样提到了。③

（2）限制公民权利的立法必须有合理的理由。例如《宪法》规定"国家为了公共利益的需要，可以依照法律规定对土地实行征收或者征用并给予补偿"以及"中华人民共和国公民的通信自由和通信秘密受法律的保护。除因国家安全或者追查刑事犯罪的需要……任何组织或者个人不得以任何理由侵犯……"这些条文中的"公共利益""国家安全或者追查刑事犯罪的需要"，不仅是对具体政府行为的限制，也是对立法的限制。

（3）限制权利的立法应符合比例原则。比例原则是宪法和行政法上的一项重要原则。具体包含以下要求：其一，限制手段应当是

---

① 《中华人民共和国立法法》第四条规定："立法应当依照法定的权限和程序，从国家整体利益出发，维护社会主义法制的统一和尊严。"

② 《中共中央关于全面推进依法治国若干重大问题的决定》："从体制机制和工作程序上有效防止部门利益和地方保护主义法律化。"

③ 《中共中央关于全面推进依法治国若干重大问题的决定》："加强重点领域立法。依法保障公民权利，加快完善体现权利公平、机会公平、规则公平的法律制度，保障公民人身权、财产权、基本政治权利等各项权利不受侵犯，保障公民经济、文化、社会等方面权利得到落实，实现公民权利保障法治化。"

可以达到目的的,即"目的与手段之间的适宜性";其二,限制手段应当是可实现预期目的的手段中最温和、侵害最小的,即"手段的最小侵害性";其三,手段相对于预期目的中的法益具有均衡性和合比例性,即"目的与手段成比例",通俗的说法是不能"用高射炮打蚊子"。

后　记

本书的立项，得益于中共中央十八届四中全会的胜利召开。这次中央全会首次将全面依法治国作为主题，并通过了具有重要历史意义的文件《中共中央关于全面推进依法治国若干重大问题的决定》。这一文件是我们推进依法治国历程中的重要里程碑。

回顾往昔，在全面依法治国这一主题下，我们已经进行了为期不短的探索，社会主义法治理论体系也日趋成熟。现在，站在里程碑旁，不禁要思考：学者们在推进依法治国方面做出了什么贡献，还能进一步做什么呢？

众所周知，中共中央对依法治国理念最早的正式描述来自1997年9月召开的党的十五大报告。紧接着，1999年3月，九届全国人大二次会议通过的宪法修正案规定："中华人民共和国实行依法治国，建设社会主义法治国家。"依法治国正式成为治理国家的基本方略。

在这一方略提出背后，就有学者贡献的智慧。1996 年 2 月 8 日，中共中央举办法律知识讲座，中国社会科学院法学研究所研究员王家福讲授了《关于依法治国，建设社会主义法制国家的理论和实践问题》，后来他又提出将"法制国家"改为"法治国家"。这一表述随即被写入宪法。

现在，依法治国的理念已经深入人心，已经不需要学者就此再去倡导。但是在一些具体的问题上，尚且存在争议或误解需要深入研究。而且，就社会大众来说，在获得了关于依法治国的一般愿景之后，也渴望了解更多具体知识。

承担起这两项任务，就是站在里程碑旁的学者的时代使命。这也是本书选题时考虑的因素。编者希望选取的题目既能紧密贴合我国法治现代化的进程和现实问题，为读者答疑解惑；又能带领读者徜徉于古今中外追寻法治的历史长河之中，以启迪其心灵。最终选取了 10 个题目，由多位来自国内著名院校的专家学者联合撰写，具体分工详见各篇注释。

历时一年多，在众多撰稿者的辛勤投入和出版社的精心安排下，本书终于出版。在此，对所有参与者表示衷心感谢。

解志勇

2016 年 10 月 28 日

责任编辑：邓创业

责任校对：吕　飞

封面设计：胡欣欣

图书在版编目（CIP）数据

法治十问／解志勇　等著 . —北京：人民出版社，2017.2

ISBN 978－7－01－016760－2

I.①法…　II.①解…　III.①社会主义法制－建设－研究－中国　IV.① D920.0

中国版本图书馆 CIP 数据核字（2016）第 232624 号

法治十问

FAZHI SHIWEN

解志勇　等　著

人民出版社 出版发行

（100706　北京市东城区隆福寺街 99 号）

北京汇林印务有限公司印刷　新华书店经销

2017 年 2 月第 1 版　2017 年 2 月北京第 1 次印刷

开本：700 毫米 ×1000 毫米 1/16　印张：14

字数：200 千字

ISBN 978－7－01－016760－2　定价：38.00 元

邮购地址 100706　北京市东城区隆福寺街 99 号

人民东方图书销售中心　电话：（010）65250042　65289539